ポストコロナの生命哲学

福岡伸一 Fukuoka Shin-Ichi
伊藤亜紗 Ito Asa
藤原辰史 Fujihara Tatsushi

a pilot of wisdom

序　自然（ピュシス）の歌を聴け

福岡伸一

人間とは不思議な生物である。脳を肥大化させたおかげで、経験から同一性を抽出して法則化し、特殊を集めて一般化し、本来はすべてが一回性の偶然である自然の中に、因果律を生み出した。つまり自然（ピュシス）を論理（ロゴス）に変えた。ロゴスとは、言語、構造、アルゴリズムと言ってもよい。ロゴスの力で自然を、客観視し、外化し、相対化した。過去から未来を予言できるようになった。

ロゴスこそが、人間を人間たらしめた最大の力だ。このことで、風が吹けば飛ばされ、雨が降れば流され、日照りが続けばただ息絶えるだけの、他の生きものとは一線を画した生命を手に入れた。

それだけではない。ロゴスの作用の一番の成果は、遺伝子の掟（おきて）から逃れたことである。遺伝子の掟とは、端的に言えば、「産めよ増やせよ」である。しかし人間は、ロゴスの力によって遺伝子の命令を相対化できた。種の保存よりも、個の価値に重きをおけた。

科学は、ロゴスの輝かしい勝利である。その中でも、分子生物学がこれほどまでに科学の王座を勝ち得たのは、遺伝子がとてもロゴス的に見えたからだ。遺伝子はデジタル信号の配列で、それを書き換えれば、アルゴリズムが変更され、結果も変わる。生命の本質は情報である。ロゴスはそう高らかに宣言した。

本書の議論の中心命題もそこにある。生命を情報と見過ぎたこと、ロゴス化し過ぎたことが、いったい何をもたらしたか。今、切実に求められるのは、この反省の上にたった、ポストコロナの生命哲学である。

ロゴスの作用の一番の弊害は、自らの生命が、そして自らの身体（からだ）が、最も不確かな自然（ピュシス）であることをすっかり忘れてしまったことである。ロゴスは、ロゴスで制御できないこと、予測できないことを極端に恐れる。それは、ピュシスが本来的に持つ、不確かさ、不安定さ、気まぐれさだ。それゆえ、ロゴスは、そのようなピュシスの振る舞いを見て見ぬ振りをした。水洗トイレのフラッシュのように一瞬で視界から消した。浄化と清潔さを求めた。

ところが、ピュシスのピュシスたる所以（ゆえん）は、それが、不意に、思わず、所構わず、もれ出してくることだ。溢（あふ）れ出してくることだ。流れ行くことだ。今、再確認しなければならないことは、最も身近な所有物であると思っていた身体が、ウイルスと同様の、最も制御不能な自然物（ピュシス）であるという厳然たる事実である。

今、私たちが経験しているのは、ロゴスの裂け目から、漏れ、溢れ、流れ出しているピュシスからのリベンジである。漏れ、溢れ、流れ出しているのは、ウイルスだけではない。私たちの身体が、体液が、ピュシスとして振る舞っているのだ。

かくして、私たちは元の場所に戻らざるを得なくなる。そして、こう叫ばざるを得ない。自然（ピュシス）の歌を聴け、と。

はじめに——顕在化した危機の中で

藤原辰史

自然が奏でる歌を聴く。それはどんな行為だろうか。

歌うのは歌手ではない。場所はコンサートホールではない。楽器はバイオリンやトロンボーンではない。歌は、どこからともなく聴こえ、どこか知らないところへと消えていく。川の水が岩にぶつかる衝突音、木の葉が地面に落ちる着地音、鯨が潮を噴きあげる音。それらは、録音されるだけではまだノイジーな音の集合でしかない。歌として受け取られるためには、受け手の中で、それぞれのノイズが、肌触りを残しつつ、溶け合わなければならない。しかも、それが独りよがりの解釈にならないためには、複数の人たちの共同作業であるほうが心強い。

今、この共同作業が必要な理由は、この地球上に住む私たちの身体が新型コロナウイルスを体内に「受け入れた」からである(第一章を参照)。ウイルスの増殖は、これまであまりにも国家や市場に捧げられ過ぎてきた身体に、ピュシスを吹き込んだ。もちろん、そこには多くの人々の死もあった。愛するものとふれ合えないもどかしさもあった。死者にさわれない遺族たちの悲嘆もあった。しかし一方で、人々の肺を苦しめていた大気汚染が緩和され、各地の空気が澄んだ。自然の運動に臨機応変に対応を続けるケアの担い手たちの世界史的価値が再認識され、それをただ管理するだけで高収入を得ている人間には、「あなたの仕事は本当に社会にとって大事な仕事ですか」という言葉が突きつけられた。

そう、今こそ、自然に耳を研ぎ澄ますときだ。

私たち三人は、その歌らしきものが聴こえそうな場所を探し、そこに立った。それだけではない。音が次第に歌に変わるまで、じっと言葉を交わすことにした。地球に君臨する人間の五感はしかし、他の動物より優れているわけではなく、ここ数世紀の間にむしろ劣化の傾向にある。私たち三人もその劣化の只中に地球で暮らしている。ロゴスのたどり着けない領域には、言葉を積み重ねて、近似値に近づこうとする方法を選ぶしかない。本書は、まさに隔靴掻痒の記録である。

ところで、共同作業のメンバーは、同じジャンルの研究者ではない。異なったバックボーンを持っている。

一人は、かつて昆虫少年だった生物学者である。蝶の美しさの根源が知りたくて分子生物学を学んだが、その機械的生命把握の様式に疑問を抱き、動きながらバランスを取り続ける生きものの流動性、すなわち「動的平衡」を科学史と哲学を統合させながら捉えてきた。

その隣には、美学者がいる。かつて生物学者を目指していたが、それがあまりにも遺伝情報ばかりに注意を向けていたことに違和感を持った。そこで美学を学び、障害者たちの生きる世界を、かわいそう、助けなければ、という目線から一旦自由になって参与観察しつつ、生命とは何かという問いに果敢に挑戦を続けている。

さらに隣には、歴史学者もいる。高校時代は生物が好きだったが、文系を選び、戦争と飢餓の根源が知りたくて現代史を学んで、そのうちに生命体の死骸である食べものの歴史が果たした役割に関心を持ち、史料を探し続けている。

生物学、美学、歴史学。背景も、専門も、文章の書き方も異なる三人が、言語を交わし合いながら、ピュシスの歌が聴こえてくるのを待つ、という、いわば、怪しい新興宗教のような儀式に参加したわけだが、私はなんだかとても楽しかった。なぜこの三人なのか、その理由は「おわりに」で明らかにされるが、ここでは後付け的に分析しておきたい。

第一に、三人とも、自然科学と人文学の狭間（はざま）に漂う存在であること。生物学者も美学者もともに「文転」したと自己規定しているように、また歴史学者も農学という応用自然科学が隣り合わせの研究を続けているように、文系と理系に分けるというロゴスからはみ出た存在である。アカデミズムの厳格な仕切り壁に、そもそも縁の薄い三人であるという共通点がある。

第二に、三人とも、哲学という、ある意味ではロゴスの権化のような存在に浅からぬ縁を持つこと。生物学者は、西田哲学を学び、それについての共著も刊行している。美学者は、哲学は美学の兄弟のようなものだと感じているし、歴史学者も哲学という名前がタイトルにある本を刊行したことがある。

第三に、三人とも、身体感覚に並々ならぬ思い入れを持っていること。頭で分からない場合は、現場に行ってみたくなる体質であること。身体がどう反応するか試したくなること。人間の身体は、生命体そのものである前に、生命体の棲家である。その身体がロゴスの指令から外れた振る舞いを次々に繰り出す。歌は場合によっては自分の体内から響いてきてもおかしくない。

パンデミックの只中にあって気持ちがふさぎがちであった私は、言葉を交わす中で、少しだけ前向きになれた。もっと具体的に言えば、地球規模の感染症が地球の住人に何か伝えようとしているように感じ、それを聴いてみたいと思うようになった。その多くがたとえ人間以外の地球上の生命からの人間に対する呪詛であったとしても。

たぶん、新型コロナウイルスがもたらす危機の多くは、人類史にとって新しい危機ではない。しかも、確認される危機のかなりの部分が、私たちが身近に感じてきたり、私たちが見て見ぬふりをしてきたりした危機である。「ポスト」（post／後の）コロナの課題は、「アンテ」（ante／前の）コロナの課題の継続もしくは発展であることが、ここでは確認されていくだろう。ポストコロナに新しい時代を創造しよう、と粋がる人も多いが、実際は、アンテコロナに山積した課題をみんなの課題として取り組むタイミングがやってきたと考えるほうが正しいと思う。

私たちはこの課題に向き合い、言葉を交わしてきた。その過程で自分の耳にときおり自然の歌のようなものが響いた感覚を、私たちは共有している。はたしてそれがどこまで深く読者が抱く危機感と共振するものなのか。読者諸賢のご批判を待ちたい。

目次

画一化がもたらしたこと
「さわる」と「ふれる」
人を信頼する快感
安心を求めれば信頼は失われる
ピュシスにさわる
強まる自己責任論
「道徳」と「倫理」を区別する
「聞く」ことの大切さ

第三章　コロナがあぶり出した社会のひずみ　藤原辰史――74

パンデミックと「歴史」の大転換
これは「新しい現象」なのか?
為政者の言葉に騙されない
甘い「罠」に警戒を

「クレンジング」は人類の欲望
潔癖主義は伝染する
「きれい過ぎる世界」への違和感
「敵の声」をひたすら聞く
『ナウシカ』が発するメッセージ

第五章 共生はいかに可能か？

ナチスの「共生」の裏にあったもの
科学を社会に当てはめる危うさ
これは「戦争」なのか？
「利他」を研究する理由
共感は万能ではない
インセンティブがはたらかないとき
システムの外に出る

SEIKO
SEIKO

第一部　論考・コロナが投げかけた問い

第一章　コロナは自然（ピュシス）からのリベンジ

福岡伸一

『春と修羅』が語りかけること

二〇二〇年三月上旬、研究拠点のあるロックフェラー大学で春休みを過ごそうとニューヨークに渡った私は、新型コロナウイルス感染症対策の都市封鎖（ロックダウン）に遭遇し、彼（か）の地に身をおき続けることになりました。

日本と同じく、アメリカでは当初、コロナ問題はまだ対岸の火事でしかありませんでした。しかし、あっという間に感染爆発が起こり、世界最悪の感染拡大の中心地となったニューヨーク市では、渡航禁止を含めた行動制限措置が矢継ぎ早にとられていきました。ロックダウン中、人通りも車の通行もほとんどなくなったニューヨークの街は、まるでSF映画のワンシーンのようでした。こうした異常事態が進行する間、私は生活必需品の買い出しなどに出かける以外はずっと引きこもる生活をしていました。しかし、かえってそのおかげで、新型コロナウイルスの問題が私たちに問いかけたことについて、深く考える時間を得られたように思います。

コロナ問題というと、日々の感染者数や実効再生産数、あるいはソーシャルディスタンスといった直近の問題に目を奪われがちですが、私は生物学者として、この問題はもっと俯瞰(ふかん)的に、そして射程の長い視野から考えるべきことだと感じています。本当に必要なのは、いわば生命の哲学のようなものかもしれません。

なぜなら、コロナが私たちに問いかけているのは、言ってみれば、生命や自然とは何か、ということだからです。そして、人間が築き上げてきたこの文明社会というものがはたしてこのままでよいのか、あるいは、どちらの方向に行くべきなのかということも、コロナによって提起された重要な問いであると思います。

考えをめぐらす中で、私は宮沢賢治の『春と修羅』を思い出しました。賢治自身が「心象スケッチ」と呼んだ『春と修羅』は、非常に叙情的かつ大変難解な作品として賢治ファンの心を揺らせ続けていますが、コロナ禍におかれた私たちが文明社会の中の人間というものを捉えなおす上で、非常に重要な言葉が書かれていると、私は思います。

たとえば、『春と修羅』の「序」は、次のような文章で始まります。

わたくしといふ現象は
仮定された有機交流電燈の
ひとつの青い照明です
（あらゆる透明な幽霊の複合体）
風景やみんなといつしよに
せはしくせはしく明滅しながら
いかにもたしかにともりつづける
因果交流電燈の
ひとつの青い照明です
（ひかりはたもち、その電燈は失はれ）

（『春と修羅』宮沢賢治、日本図書センター）

一見、非常に詩的で、何のことを言っているのか分からないという印象を受けますが、ここでまず注目したいのは、冒頭で「わたくし」は「現象」だ、と言っている点です。これは、「わたくし」という生命体が物質や物体ではなく「現象」である、それはつまり自然のものである、ということです。ギリシャ語の「ピュシス」は「自然」を表す言葉ですが、右に挙げた『春と修羅』の文章は、本来、生命体はピュシスとしてあるのだ、ということを語りかけているように思います。

「透明な幽霊の複合体」の正体

次の「有機交流電燈」という言葉も、非常に示唆に富むものです。有機的に交流する電燈である「わたくし」は、絶え間なく行き来をしています。「あらゆる透明な幽霊の複合体」というところは、ちょっとスピリチュアルな感じもしますが、この「透明な幽霊」というのは実は私たちの細胞のことでもあるし、あるいはウイルスのことでもある、と言えるのではないかと思います。

というのも、私たちの体を構成している細胞は透明なので、肉眼はもちろん、顕微鏡でのぞいても透明にしか見えないのです。また、ウイルスは細胞よりもっと小さく、その大きさは、細胞がサッカーボールくらいだとすると、ゴマ粒ほどという微細さなのですが、これもやはり透明です。私たちが新型コロナウイルスだと思って見ている、まがまがしい色の丸い球体にトゲトゲが付いている画像は、ウイルスに重金属を吹き付けて陰影を濃くし、特殊な影をつけて電子顕微鏡で見えるように加工したものなのです。

そう考えれば、ピュシスとしての私たちの生命の実体は、そうした「あらゆる透明な幽霊の複合体」が絶え間なく合成と分解を繰り返しながら、ある種の有機的な交流を環境とのあいだで行い、エネルギーや情報、物質の交換を常に行っている、そんな絶妙なバランスの上にあるものだと言うことができるでしょう。私の言葉ではそれを「動的平衡」と呼びますが、『春と修羅』の「序」は、そのことを非常に詩的な表現で表していると思います。

そして、これこそが宇宙の大原則である「エントロピー増大の法則」に抵抗する、本来のピュシスとしての生命のあり方です。

「エントロピー増大の法則」において、秩序あるものは秩序のない方向にしか動きません。形あるものは形が崩れ、熱あるものは冷め、整理整頓されたものは崩れていきます。エントロピーが増大していく速度はすなわち、時間の速度であり、「エントロピー増大の法則」に身を任せると、その流れの中に従う以外の選択はなく、崩壊する方向にしか進めません。

しかし、宇宙の中で唯一、生命は常にその時間の速度を少しずつ先回りし、絶えず自ら率先して自分を壊しつつ、自らをつくり替えて、危ういバランスの上に立つという、動的平衡の営みをしています。そうやって絶えず合成と分解を繰り返すことにより、生命は三八億年という時間の中で存続してきました。だからこそ、生命には意味があり、価値があるのです。

スペイン風邪との類似点

宮沢賢治が『春と修羅』を書いた時期の少し前に何が起きていたか。東京の女子大に進学していた賢治の最愛の妹トシが重い肺炎に罹り、賢治と母はともにいそいで上京し、トシの看病に当たっています。時はちょうど一九一八年。スペイン風邪が猛威を振るっていたときのことです。トシの病気もスペイン風邪をこじらせたものだった可能性が高い。ちょうど現在のコロナ禍と同じように、スペイン風邪は、またたく間に世界中を席捲し、多くの人々の命を奪いました。何波かの流行のピークが襲い、結局、収束するのに三年を要しました。当時は、まだ、スペイン風邪がウイルス（インフルエンザH1N1型）によるものとは分からず（そもそもウイルスの概念すらありませんでした）、ワクチンや治療法もなかった。人々はただ疫病に接触するのを恐れ、罹ったら安静にするしか対処法がありませんでした。

宮沢賢治は、命のはかなさ、はかなさゆえの輝き、愛するものを失ってしまうかもしれないことへの怖れ、それを目の当たりにして自らできることの小ささを痛感したことでしょう。それが、後年、『春と修羅』の序にある、「わたくしといふ現象」とか、「青い照明」といった刹那的な言葉で生命を表現することにつながっているように思えます。

また、もう少し読んでいくと、「ZYPRESSEN　しづかにゆすれ　鳥はまた青ぞらを截る」といった非常に清冽ながら、大きな自然の中に独り、吸い込まれていくような表現がたくさん出てきます（ZYPRESSENは謎の言葉ですが、サイプレス＝糸杉のことではないか、と言われています）。このとき、宮沢賢治は、確かに、明滅する、はかない命としてのピュシスと同時に、永遠に続いていく自然としてのピュシスの価値を感じていたというふうに、私はこの詩を受け止めています。

そして、そこから一〇〇年経過した今、また同じ問いを突きつけられることになりました。つまり、不意の疫病の襲来の前に、たじろぐことしかできない「わたくしといふ現象」とは何だろうか、ピュシスとしての生命をどう捉えるべきなのか、という問いです。

そういう思いから、まずはこの宮沢賢治の『春と修羅』を取り上げてみたのです。スペイン風邪とコロナ禍は、ともに世界的なパンデミックをもたらし、社会を混乱させたという点でパラレルの関係にあると言えます。そして、これらの疫病が、歴史を通して、繰り返し私たちに問いかけるものという点でもシンクロニシティがあると思います。

ウイルスを受け入れる

確かに、私たちは科学技術の急速な進展によって、新型コロナウイルス感染症の病原体が、SARS－CoV－2というウイルスであることや、PCRという遺伝子解析技術によって、その有無を検査できること、人の移動や集会とともにまたたく間に拡散していくこと、どんどん変異株が出現していることなどをたちどころに知ることができるようになりました。

しかし、これはスペイン風邪のときには見えなかった、極小の微粒子の動きが見えるようになったというだけで、不意のピュシスの現れとしてのウイルスを目の当たりにして、私たちができることは、それほど変わっていません。なるべく疫病に接触することを避け、もし罹ったら安静にするしかない。

次々に新しいワクチンや治療薬が開発されていきますが、それによって、ピュシスとしてのウイルスの存在を排除したり、消去したり、変更したりすることはできないのです。ピュシスとしてのウイルスを受け入れるしかないのです。

人間だけが乗り越えられた生命の掟

二四頁で引用した最後の行、「ひかりはたもち、その電燈は失はれ」からは、「わたくし」という生命体は電気を消したら消えてしまうような、一回性の、非常に危ういものだということが伝わってきます。

賢治が捉えたように、ピュシスとしての生命は一回限りのはかないものであり、気まぐれでアンコントローラブル、しかも非常に冷酷です。

生物にとっての遺伝子の掟を一言で言えば、「産めよ、増やせよ」ということになります。種の存続こそが至上命令であって、個々の生命は種全体を存続させるための道具（ツール）でしかありません。

たとえば、多くの生物は大量の卵を産み、その中からたくさんの子どもが誕生してきますが、大半はそのまま野垂れ死にしたり、他の生物に食べられたりして消えてしまいます。あるいは役に立たない個体、生産性がない個体も種全体にとってはあまり意味がないものとして淘汰されていきます。一つひとつの生命体はそれほど重要視されないというピュシスの現実の中で、ごくわずかに運がいいものが生き残って次の世代をつくるわけです。

人間は生物の中で唯一、この遺伝子の掟の束縛に気がつき、そこから自由になる方法を選び取った種であると、私は考えています。

では、なぜ人間だけが遺伝子の掟から自由になれたのか。

その鍵となるのは、やはりギリシャ語である「ロゴス」です。ロゴスは「論理」、あるいは「言葉」を表します。脳が大きくなった人間はロゴスを持ったがゆえに、ピュシスの気まぐれさや残酷さを相対化し、対抗することができました。ロゴスを持つのは人間以外にはないのですから、ロゴスは、人間を人間たらしめている最も大切な「発明」だと言えるでしょう。

一方、人間はロゴスの力によって、文明や社会、経済、あるいはさまざまな制度をつくり出していきました。そのこと自体は人間を発達、発展させ、社会を推進させたわけですが、ロゴスの作用には、常に構築することに価値をおくという弱点もあります。なぜこれが弱点になるかと言えば、『春と修羅』で示されているように、人間は本来、ピュシスとして絶えず合成と分解を繰り返して生命を存続させているのですから、常に構築することに価値をおくロゴスの考え方ばかりでは必ず限界にぶつかってしまうためです。

たとえば今、東京やその近郊のあちこちで建設されているタワーマンションは、このロゴスの弱点を如実に表すものと言えるでしょう。新築のタワーマンションはどこもかしこもピカピカで、人々はその素晴らしい最新式設備に目を奪われますが、一〇年、二〇年経(た)つうちに、形あるものは必ず崩れるという「エントロピー増大の法則」によって、大規模修繕が必要となるようなほころびがいろいろと出てきます。それですめばよいのですが、今建てられたタワーマンションが一〇〇年、二〇〇年後も保(も)つかと言えば、それはかなり危ういと言わざるを得ません。

もし、ピュシスとしてのあり方を採り入れながらタワーマンションを設計することができれば、当然、あらかじめ壊されることを予定してつくることになるでしょう。しかし、タワーマンションの設計者は、普通、そのようなことは考えませんから、早くて数十年後、あるいは一〇〇年の後、大量のタワーマンションの廃墟(はいきょ)をどうするか、という問題に直面してしまうわけです。

これは、タワーマンションに限ったことではありません。私たちは都市を構築する際、そしてもっと広く、人間の文明を築いていくというときに、このロゴスとピュシスの融合ということを、もっと考慮すべきだと思います。

アルゴリズム一辺倒の危うさ

ロゴスの本質は論理であり、効率性、生産性、そしてアルゴリズムによって達成される最適解です。

アルゴリズムでは時間を関数とし、因果律によってAが起これはBが起こる、Bが起こればCが起こるといった見方を採り、データが完全に同じであれば同じことが再現されると解釈します。これはまさに我々の今の社会がＡＩを使って求めようとしている方法です。このことが行き着く先は、完全に統御された社会ということになるでしょう。

しかし、こうしたアルゴリズム的な究極のロゴスの神殿は、ピュシスとしての我々の生命のあり方を損なってしまうものでもあるのです。

たとえば、生命現象のあらゆることは、ゲノム上のある種の文字列のアルゴリズム的帰結として起こるという見方があります。実際、新型コロナウイルスは、あっという間にそのゲノムが解明されたことで、ＰＣＲ検査で検出できるようになり、世界中でこのウイルスの感染が起こっているということが明らかになりました。これはまさに、ロゴス的にアルゴリズムとしてウイルスを可視化したわけで、それにより私たちは、本来透明で見えないはずのウイルスを見ることができるようになったと言えます。

けれども、新型コロナウイルス問題において、私たちはあまりにもウイルスというものをロゴス的に見過ぎているところがあるように思います。

ウイルスをアルゴリズムで捉えるなら、ウイルスが体内に侵入すれば因果関係として病気になる、だからウイルスは悪者だということになるでしょう。しかし、ピュシスとしての生命とウイルスのあり方は、そのような一方的なものではありません。もっと相互依存的で、お互いの益を成し合う、利他的とも言える面があるのです。しかし、ロゴス的な見方にとらわれていると、そうしたウイルスと人間の相互関係は見失われてしまいます。

ウイルスは私たちの一部である

ウイルスと人間の関係について考えるとき、そもそもウイルスとは何かということを虚心坦懐(たんかい)に見る必要があるでしょう。

ウイルスの構造はとてもシンプルで、基本的には内部の核酸（DNAまたはRNA）をたんぱく質でコーティングしているという、それ自体では物質としか呼べないようなものです。しかし、そんな単純な構造のウイルスは、細胞に付着し、ウイルスの中の遺伝子が細胞の中に侵入すると、宿主細胞がつくるエネルギーをハイジャックして自分を増やしていきます。

先ほど述べたように、合成と分解を繰り返す動的平衡の営みが生命本来のあり方だとすれば、ウイルスは自分自身で自分を壊していないだけではなく、代謝も呼吸もしていないのですから、ウイルスを生命とみなすことはできません。けれども、生命の本質は自己複製することにあるとするリチャード・ドーキンス的な生命観に立てば、細胞の中で増殖し、自らを合成しているウイルスはすなわち生命体である、ということになるでしょう。つまり、ウイルスは生命でもあるけれども生命でもないという、生物と無生物のあいだにたゆたう、微細で不確かな存在なのです。

ウイルスは非常に単純な構造をしているので、生命発生のごく初期から存在していたようにも思えますが、実はそうではありません。ウイルスの起源は、進化の過程で高等生物が出現し、その細胞の遺伝子の一部がたまたま外に飛び出した断片だとされています。「エントロピー増大の法則」の下では酸化されたり分化されたりして消えてしまうはずだったその断片が、たまたま別の生命体に付着し、その中で増幅するチャンスを得、ウイルスとして生き延びていきました。

新型コロナウイルスも、その「皮」に当たる部分は人間の細胞膜でできています。ですから、ウイルスは本来、私たちの生命の一部であり、生命体の家出人のようなものなのです。

感染症は存在しない

私たちはウイルスを目に見えないテロリストのように恐れていますが、ウイルスがテロリストのように一方的に襲撃してくるということはありません。この世界に無数に存在するウイルスは、毒を出したり細胞を破壊したり筋肉を麻痺（まひ）させたりするものではなく、その大半は生命体から生命体へとただ平行移動をしているだけです。その意味では、ウイルスが宿主に対して害をもたらすことはないし、遺伝情報を手渡すという点ではむしろ益をもたらしていると言えます。しかし、宿主にはほとんど影響を及ぼさないので、そのことが分からないのです。

これはちょっと誤解を生む言い方かもしれませんが、いわゆる感染症というものは本当の意味では存在しません。つまり、ウイルスという原因があればアルゴリズム的に必ず病気が起こるという意味の感染症はない、ということです。ごくわずかながら、感染すると、宿主の免疫系を揺さぶって、発熱させたり病気をもたらしたりするウイルスが存在するわけですが、それらのウイルスは、たとえば唾液や咳から生じる飛沫と一緒に浮遊しています。そして、たまたまそこに居合わせた個体の細胞の中にウイルスが入り込んでいくとき、実は、宿主となる細胞の側が、ウイルスを招き入れるように積極的に手助けをしているのです。

宿主の体内に入ったウイルスは、まず細胞に付着し、ウイルス表面のたんぱく質が、鍵と鍵穴の関係にある宿主細胞の表面にあるたんぱく質と強力に結合します。すると、宿主の細胞膜に存在するプロテアーゼというたんぱく質分解酵素がウイルス表面のたんぱく質に近づいてきて、これを特殊な位置で切断します。すると、その断端が指先のようにすると伸びて、ウイルスの殻と宿主の細胞膜とを巧みにたぐり寄せて融合させ、ウイルス内部の遺伝物質を細胞内に注入するのです。ウイルスが宿主に感染するのは、このように細胞側がわざわざウイルスが入りやすくするよう招き入れた結果と言えます。

ウイルスは宇宙から飛来したエイリアンのように人間社会に攻め入ってきたわけではありません。「夜の街」や「観光地」といった、特定の場所だけに集まることはできません。

なぜなら、ウイルスには、自走能力も、飛行能力も、遊泳能力もまったくないからです。ウイルスは、すべて人間が、自分自身の内部に招き入れ、培養し、そしてまた人間が別の場所へと運んでいます。今回、新型コロナウイルス感染が、数億人規模で世界的に広がったということは、それだけ人間が互いに往来し、交差し、接触した当然の帰結である、と言ってもいいのです。そして、ウイルスは、人間の細胞を破壊したり、毒素を出したりといった害作用を仕掛けているわけでもないのです。ただただ、たまたま入り込めた細胞の中で、その細胞の資材を借用して、ウイルス自身の遺伝子をコピーしているに過ぎないのです。ただし、人間の側にすれば、体内に勝手に入ってきた外来物が勝手にコピーをはじめたりすると、やっかいなことになりかねないので、免疫系というものがウイルスの侵入と増殖を感知して、これを防ごうと対抗手段を取るようになります。それが発熱や炎症や体調不良となって現れます。コロナも、インフルエンザも、その症状というのは、ウイルスが発しているのではなく、ウイルスの感染が引き金になって、自分自身の身体が反応している結果として起きています。健康な人であれば、やがて免疫系が、ウイルスを退治・駆逐して終わります。

中には、本人も気づかないうちに免疫系がウイルスを処理して、なにごともなく、症状が出ない人も大勢います。ただし、このような人の中には、症状はないまま、ウイルスを運んでしまう人がいるのでそこは困りものです。感染拡大を防止するには、PCR検査をできるだけ広範囲に行い、このような健康保菌者を発見し、隔離しなければなりません。

一方で、ウイルス感染によって、肺炎が重症化し、複合的な症状が起きて、死に至る人がいます。その理由の一つが、サイトカインストーム（サイトカインの嵐）と呼ばれる状況です。免疫系は、アクセルとブレーキのバランスで成り立っています。そして稀に、ウイルス感染に反応した免疫システムがびっくりして、アクセルを踏み込み過ぎて暴走してしまうことがあります（サイトカインという免疫活性化物質を出し過ぎて、それが連鎖的にまた別の活性化物質を過剰生産し、その連鎖反応が進行して、ブレーキが利かなくなる状態です）。これがサイトカインストームです。こうなると高熱が出て、呼吸困難が起こり、心臓が持たなくなってしまいます。ウイルスに感染して体の変調が起こるのは、ウイルスそのものというより宿主の側に原因があることも多いということです。

つまり、ウイルスがもたらす症状は、ウイルスの一方的な攻撃というよりは、ウイルスと身体とのあいだの相互作用と言うことができます。私は、このような生命現象の本質を「動的平衡」という言葉で表すことを考えています。アクセルを踏みつつ・ブレーキをかけ、押したり・引いたり、分解したり・合成したり、酸化したり・還元したり、そのバランスの上に生命が成り立っています。それが「動的平衡」です。ですから、病気や変調は「動的平衡」の乱れ、と言うことができるでしょう。

なぜウイルスが存在するのか

もしウイルスが一方的に害を成すだけのものなのだとしたら、おそらく自然選択の中で淘汰されてしまっていたでしょう。ウイルスがこの地球環境の中に未だに温存されているのは、ウイルスが何らかの利他的な作用を持っているからだと言えます。

利己的遺伝子観からすれば、生命は非常にセルフィッシュで、自分が増えることだけしか考えていないということになります。しかし私の考えでは、それはあくまで一面の見方であって、生命は基本的に利他的なものなのです。

その端的な例は、植物が光合成をすることでしょう。植物が非常に利己的に振る舞い、自分自身が必要な分しか太陽エネルギーを固定しないということになれば、他のすべての生物は存在できなくなってしまいます。しかし、植物は太陽の光をエネルギー源として炭水化物をつくり出し、二酸化炭素を他の生物の栄養分に変えます。植物は葉や実や果物を惜しげもなく他の生物に与えるだけではなく、他の生物が食べられないほどの葉を大地に落とします。その落ち葉は土壌中の微生物やミミズ、その他さまざまな生物の栄養素となって土壌を豊かにし、それがまた別の生物を育みます。

植物は、自然界の「食う・食われる」という関係においては「食われる」側です。一見、優位に立つのは食べる側であり、食べられるほうは下位にいるといった上下関係があるように思えますが、植物のあり方を考えれば、実際のところ、「食う・食われる」関係は共存関係にあるということは明らかです。

このような共存関係がなぜ成立したかということを考えてみましょう。もともと限られた環境の中にAという生物とBという生物がいたとします。そのAという生物とBという生物が、たとえば「食う」という生態学的な要求を同じようにしたとすれば、両者は競争関係に陥り、共倒れになってしまいます。しかし、Aという生物とBという生物が「食う・食われる」という関係を取ったらどうでしょうか。食われるものなしでは食うものは存在できませんし、食うものがいるからこそ、食われるものはある一定のポピュレーションで維持されることが可能になる、そして両方が栄えることができるのです。

ですから、「食う・食われる」という関係は、実は、全体の生態系にとっては、より有利な進化形だと考えられます。そして、それは互いに他に利を成すことによって共存する関係なのです。

人間とウイルスの関係も、やはりそのような利他的な共存関係にあると言えるでしょう。普通、生命の遺伝情報は、親から子ども、子どもから孫と垂直に伝達されていきます。しかし、「家出人」であるウイルスは個体から個体へ、場合によっては違う種から種へと水平に移動して、遺伝情報を伝達します。つまり、ウイルスは単なる「悪者」ではなく、生命の大きな進化の流れに手を貸す一個のピースであり、私たちにとって生命の進化のパートナー、友だちでもあるわけです。

もう一つ、ウイルスの利他性として考えられるのは、宿主の免疫システムに絶えず何らかの刺激を与えることによって宿主の免疫システムを調整している、あるいは宿主の免疫システムを活性化しているという点です。そうしたウイルスのはたらきによって、宿主の免疫システムがより環境に適合したものへと導かれると考えることもできます。大半のウイルスは、人間の免疫系を調整するためのある種の役割をしているがゆえに現在存在しているのだと、私は思います。

ロゴスとピュシスの狭間で

私たちはまずピュシスとしての生命であるわけですが、ピュシスの現実をロゴスでコントロールしつつも、コントロールしきれないピュシスが常にもれ出してきて私たちを脅かします。新型コロナウイルスは、そのことを私たちに思い出させてくれたと言えるかもしれません。

これまでも、人間がロゴス的に走り過ぎたことによって、ピュシスの逆襲を受けたことは何度もありました。今回のコロナ禍がなければ、人類は一〇〇年ほど前に大流行したスペイン風邪を思い出すことはなかったでしょう。このときも為政者は「すぐ制圧できる」と高をくくり、初動を誤り、自らも感染していきました。また、感染者に対する新たな差別が生まれるなど、まさに今、同じような歴史が繰り返されているところがあります。人間は愚かですから、これからも新たな感染症が出てくるたびに同じ過ちを繰り返すことになるのでしょう。

しかし、宮沢賢治が「ひかりはたもち、その電燈は失はれ」と言っているように、電燈が失われても、それが光っていた記憶は保たれます。人間が外部に伝達してきた伝統や文化を、世代を超えて受け継ぎ、歴史の中で学んだ教訓を生かすとすれば、それは、アルゴリズム的に行き過ぎた制圧のやり方は必ず破綻し、ピュシスがあぶり出されてくるということを覚えておかなければいけないということだと思います。

本来、人間が選び取ったのは、ロゴスを求めつつもピュシスに従う生き方です。社会がロゴスによって完全に制御された方向へと向かおうとしている今だからこそ、ロゴスとピュシスの狭間にある人間のあり方について深く思いをめぐらせるべきでしょう。

ポストコロナを生きていく上で人間にとっての希望がどこにあるかと言えば、その一つは、ピュシスを正しく畏れよということだと思います。「正しく畏れる」とはつまり、単に怖がるのではなく、自然としてのピュシスの前にひざまずきつつも、もう一つのピュシス、自分自身の生命を信頼すべきだということです。自然にふれると言うと山や海に行くというイメージがありますが、私たちにとって最も身近な自然は自分の体なのです。

私たちは、自分の体がピュシスとして生きているということを、もう少し信頼したらいいのではないでしょうか。なぜなら、もしウイルスが私たちの体内に侵入しようとしても、体はそのウイルスに対して抵抗することもできるし、ウイルスのよき面を得ることもできるからです。

先ほど、私たちの体はウイルスを招き入れているような側面があると述べましたが、他方では外来物を拒絶するさまざまな仕組みもまた存在しています。自然免疫がウイルスの侵入をいち早く察知し、マクロファージやナチュラルキラー細胞がウイルスを除去してくれるなど、皮膚や粘膜の上にある何重ものバリアは、そう簡単にウイルスの侵入を許しませんし、仮にそのバリアを突破してウイルスが侵入してきても、免疫システムがさらに幾重にも私たちの体を守ってくれています。また、細胞には異物をすぐに察知して分解する仕組みも備わっています。たとえば、新型コロナウイルスはRNAという核酸の一本の鎖でできており、細胞に侵入するとRNAを複製し、RNAの二本鎖をつくり、そこからさらなる複製が始まっていくのですが、細胞にとってはDNAとRNA両方の核酸が存在するのが普通なので、RNAが二重らせんになっているものは異物だと判断し、分解するのです。

このように、私たちの体にはウイルスが自己増殖しないように抑えてくれる自然免疫の仕組みが備わっています。しかも、自然免疫がはたらいた後に獲得免疫という抗体をつくるシステムが作動してウイルスに対する特異抗体をつくり、ウイルスを退治してくれるのです。ウイルスと効果的に闘う方法は、私たちの体に本来備わっている仕組みによって抵抗を示すことなのです。

自由を手放してはいけない

もう一つ、ポストコロナの時代の人間のあり方として重要なのは、自由を手放してはいけない、ということです。

繰り返しになりますが、生物としての人間を人間たらしめている一つの本質は、ロゴスの力によって遺伝子の掟から自由になったということです。人間にとって大事なのは、ホモサピエンスという種の存続よりも一つひとつの個体の生命だということであり、そのことが相互に約束されているのです。「産めよ、増やせよ」に貢献しない自由が認められ、種の保存に関わらない個体も生命として尊重される。人間だけが獲得できたそうした価値観が、基本的人権の基礎となる考え方へとつながっていきます。

よく、基本的人権は生まれながらにして人間に備わった権利であると説明されますが、これはロゴスの力によってあえて約束したものなのですから、常に守り抜く努力が必要とされます。コロナの問題は、この基本的人権を揺るがせるピュシスの力によるものであり、今のようなときこそ心して個々の生命に価値があるということを守っていかないといけないと、私は思います。

人間という生物が選び取った生き方の立脚点とは何だったのか、もう一度、見直すことが求められています。新型コロナウイルスの問題は、そのことを私たちが学ぶための、ある種のレッスンだと言えるのかもしれません。コロナは自然(ピュシス)からのリベンジなのです。

第二章　思い通りにいかないことに耳を澄ます

伊藤亜紗

体の多様性から見える世界

私が専門とする「美学」は、多くの方にとって、あまり聞き慣れない学問かもしれません。私はよく「美学は哲学の兄弟」と説明しているのですが、美学は哲学と同じように言葉を使い、じっくりと考えながら分析する学問です。ただ、哲学が「存在とは」「時間とは」などと、言語化された概念に向かって分析を進めていくのに対し、美学の場合は「そんなにすべてを言語化することはできないよね」というところから出発します。つまり、ロゴスの力を借りながらも、ロゴスを絶対視しないのです。

たとえば、芸術作品を見たときに受ける衝撃や、私たちの感性、あるいは身体感覚といったものは、あいまいで捉え難く、簡単に言葉にすることはできません。でも確かに私たちはそれを感じているし、それによって世界の見え方が一変するほどの衝撃を受けたりもします。そうした人間の「曰く言い難い感覚」について、あえて言葉を使いながら深めていく、それが美学という学問分野になります。つまり、美学はロゴスに対する警戒心を持つ学問なんです。

私自身、言葉に対しては愛憎相半ばする思いを持っていました。というのは、子どもの頃から吃音があるので、言葉に対して常に距離があったんです。言葉がなかなか自分とフィットしない感じ。でもだからこそ「言葉って何だろう」と考える機会も多かったんです。そんな経験が、私を美学へと導いてくれたと思っています。

そんな美学という学問の中で、私は特に人間の体に興味を持って研究をしています。

理系でも文系でも、人間の体は、非常に抽象化された「体一般」として論じられてきました。けれども、現実の体は、一人ひとり条件が違います。性別、身長、体重はもちろん、持っている体質や病気、障害の有無もそれぞれです。そうした現実の体の差をきちんと踏まえた上で体の研究をしたいと考えています。

具体的には、視覚障害の方や吃音の方、手足を切断された方のお話を聞きながら、そういう方たちがどのように体を使っていらっしゃるのか、そして、その体だからこそ見えてくる世界とはどのようなものか、あるいはどのような体の感覚でいるのかといったことを調査、研究しています。目が見える人に見えている世界は、視覚がないとまったく違って見えてきたりするわけですが、そんなふうに体の多様性を踏まえていくことは、この世界の別の形や姿を見つけていく作業だと感じます。

こういう違いは、細胞レベルでもあるようですね。最近、島袋勝弥さんという弱視の生物学者と話す機会がありました。彼は限られた視野しか持っていないのですが、研究ではずっと顕微鏡を使うことにこだわっています。その理由を彼に聞いたら「平均の世界から逃れることができるから」と教えてくれました。

データにすると平均化されてしまう細胞も、顕微鏡で見ると一つひとつ個性があって違っていることが分かる。同じ環境で培養しているのに、「なんかこいつ速いな」とか、「なんでこいつこんな形をしてるんだろう」とか差が出てくるのだそうです。

驚くべきことに、こうした個体差は、たんぱく質レベルでも見られるそうです。島袋さんは「生命の複雑さといい加減さが顕微鏡だと見える」と、教えてくれました。

「みんな障害者になったね」

新型コロナウイルスの感染が拡大し、日本で初めて緊急事態宣言が出されたのは、二〇二〇年四月七日でした。私は、あの日の夜空が忘れられません。ちょうどスーパームーンと呼ばれる満月が近く、大きな月に地球の混乱ぶりが見透かされているような怖さを感じました。月から見れば、地球はとっくに緊急事態だったと言えるかもしれません。

コロナのパンデミックが始まったとき、私は自分が信じていたものが根本から覆されるような感覚に陥ってしまい、それをどう捉えたらいいのかということを言語化するのにとても時間がかかりました。特に緊急事態宣言が出された時期は非常にナーバスになって性格も変わり、攻撃的になっていたところもあったと思います。

そんなときに、全盲の友だちが「みんなでZoomで集まろう」という連絡をくれました。そこで、全盲の人や難病を持っている人など、数人の知り合いに声を掛けてZoom飲みをしたのです。いざオンラインで顔を合わせてみたら、ピリピリしていたのは私だけで、障害や病気を持った彼らは皆、どっしり構えていて、あまり動じていなかったのです。もちろん、感染のリスクがあったり、外出が今まで以上に困難になったり、問題はたくさんあるのですが、そういうこととは別に、とても堂々として見えました。

そんな彼らが開口一番、口にしたのは「みんな障害者になったね」という話でした。つまり、自分のせいではなく、環境が原因で自分の自由が奪われるという経験を今、みんながしている、それが「みんな障害者になった」という言葉として出てきたわけです。

コロナ禍で、私たちはいろいろなことが自分の思い通りにできないという日々を送っているわけですが、そもそも、私たちの体は人間であると同時に思い通りにならない自然、ピュシスでもあります。人間として体を持っている限り、私たちは偶然、いろいろな障害や病気を抱える可能性を秘めています。そもそも、私たちが生まれて、死んでいくということ自体、自分で選んだことではなく、与えられたものです。体は、私たちに与えられた自然そのものだと言えるでしょう。

障害を持っている人たちは、そうしたコントロールのできなさを日常的に意識せざるを得ない状態におかれていると言えます。そして、そうであるがゆえに、思い通りにならないことに対してどう付き合えばいいかという経験値がとても高いのだと思います。私の中の人間の部分はなんとか自分でコントロールできるけれども、自然の部分、たとえば体のどこかが痛いというとき、私は自分の中に自分でないものを抱えてしまっていることになる。そんな「ままならなさ」に日々向き合っている人たちが語る言葉は、やはりとても地に足が着いていて、そこには彼らが何年何十年もかけて手にした知や実感がつまっていました。彼らと話すことで私はものすごくほっとしました。彼らとのＺｏｏｍ飲みは今でも定期的に開催していて、さまざまな活動が生まれる場になっています。

振り返って私自身のことを考えてみると、「人をコントロールしてはいけない」などと言いながら、実は自分や周囲の人々をコントロールすることが少なくなかったのだと気づきました。だから、思い通りにならないということに対して、必要以上に慌ててしまったのだと思います。

足し算の時間と引き算の時間

小説家の吉村萬壱(まんいち)さん、文化人類学者の奥野克巳(かつみ)さんとのリレーエッセイ『ひび割れた日常』（亜紀書房）にも書いたのですが、コロナ禍で自宅にこもり、オンラインで遠隔授業や会議をする生活を送りながら、なぜか植物に目がいくようになりました。私の家の前にある小さな公園の木々や草花をぼーっと見たり、そうした植物が少し大きくなるだけでものすごく感動したりしていたのですが、これは私だけではなく、ネットの投稿などでも、コロナ禍がきっかけで植物に興味を持ったという人が少なくなかったように思います。

植物のことなんて今まで考えたこともなかったのに、と不思議に思い、私なりに考えてみて思い出したのは、以前お会いしたレビー小体型認知症の樋口直美さんのお話でした。そのときのキーワードとなったのは「足し算の時間と引き算の時間」という言葉です。「引き算の時間」とは、たとえば料理をするときに三品同時につくるとして、でき上がる時間を一二時に設定したら、そのために何分前にどういう作業をするかと段取りをつけるようなことです。料理に限らず、そんなふうにゴールを見据え、そこから逆算して今しなければならないことをするという時間の引き算を、私たちは日常生活の中でごく当たり前のこととして行っています。「三日後に発表しなければならないから、今日はこの作業をやらなければいけない」「一〇日後に重要なミーティングがあるから準備を何日前から始める」、あるいは「三時に待ち合わせだから何時に家を出る」など、私たちはいつも時間を引き算し、現在よりも何時間後、何日後に意識を向けているのです。

けれども、スケジューリングしていた予定がコロナ禍ですべて真っ白になってしまったとき、私たちはそれまで普通に行っていた時間の引き算ができなくなってしまいました。

その最たるものは、二〇二〇年東京オリンピック・パラリンピックでしょう。このオリンピック・パラリンピックのために、私が勤める大学も授業時間を一〇〇分に延ばすなど、授業の仕組みを変えましたし、日本国内はもちろん、世界中の人々がオリンピック・パラリンピックに合わせて予定をつくっていたのではないかと思います。でも、コロナはそれを全部ご破算にしたわけです。

樋口さんは、「認知症になってから、計算としての引き算だけではなく、時間の引き算にも非常に苦労するようになった」とおっしゃっていました。三日後に仕事の締め切りがあるとしても、現在の感覚があいまいであるのに加え、日々の体調変化が大きいため、単純に全体の三分の一の量を今日やればよいということにはならないのだそうです。私たちの社会では、時間は均一であるという前提の下、時間を引き算しながら生活するということが行われてきましたが、毎日の時間が均一ではないというときには、時間の引き算はできません。いや、病気でなくたって、実は生きている限り時間は均一ではないはずです。それを、私たちは無理やり均一の時間、時計やカレンダーの時間に押し込めてきたのかもしれません。

一方、植物が持っているのは、「足し算の時間」です。それは、太陽の動きに合わせて日々、少しずつ足していくという純粋に生理的な時間です。コロナ禍で植物に目がいくようになったのは、引き算ができなくなり、空白の時間にほっぽり出されたことで、私たちの感覚が、植物にふっとシンクロしたのかもしれません。

画一化がもたらしたこと

私にとって、コロナ禍での一番の発見は、引き算の時間やその前提となる均一な時間というものは、人間の生理的な部分やそれぞれの体の差をすべて消したところにあったのだ、ということでした。そして、自分がいかにこうした時間感覚に染まっていたかということにも改めて気づかされたのです。

私は、この時間の問題はとても大きいと思っています。

私たちは時計によって「一個の時間」というものを強制的につくっているわけですが、本当は、本川達雄さんの『ゾウの時間 ネズミの時間』（中公新書）にあるように、それぞれの生物種によっても生きている時間は違いますし、もっと言えば、同じ人間という種の中でも、一人ひとり、その人にとっての時間が存在する、さらには一人の人間の中でも体調の変化などに影響されて時間は毎日違ってくるわけです。人間は生物だからこそ絶えず変化していくものなのに、その変化が許されない時間を生きないと社会生活を送れないというのは、ちょっとおかしいという気がします。

少し話を広げると、引き算の時間の前提になっている均一な時間は、産業革命以降の私たちの社会の時間です。現代にも続く大量生産・大量消費の時代には、均一な製品をいかに速く大量につくるかということが求められますが、その結果、「誰がつくっても同じ」になるよう、労働内容が画一化され、私たち人間もおき換え可能な画一化されたものとみなされるようになっていきました。そして、時給という考え方に見られるように、これだけの時間、労働したら、これだけの成果が出るはずだと、時間も均一化されていったのです。

障害者という概念は、そうした人間の画一化や時間の均一化が起こったときに生まれたものです。産業革命以前、たとえば目が見えない人に対しては、「見えない」ということはその人の特徴と捉えられ、目が見えなくてもできる仕事が割り当てられていました。しかし、産業革命によって、これだけの時間、労働したら、これだけの成果が出るはずだという画一性に乗れない人を障害者だと定義するようになった。つまり、目が見えないことはもはやその人の特徴ではなく、「見えないからできない」という能力の欠如と捉えられるようになったのです。

ちなみに、一九八〇年代頃からこうした考え方も変化し、障害の原因は個人ではなく社会にあるという見方が広がり始めました。日本で二〇一一年につくられた改正障害者基本法における障害者の定義もそれに則ったものになっています。しかし、この障害の「社会モデル」は必ずしも完全に一般的になっているとは言えません。

「さわる」と「ふれる」

コロナは、直接的にウイルスに感染するということ以上に、私たちの身体観に大きな影響を与えていると思います。その影響がどのようなものかということについては私もすべてを分かっているわけではありませんが、とりあえず大きなこととしては、触覚というものの変化があるのではないかと考えています。特に新型コロナウイルスの正体がよく分からなかった最初の頃は、他人の体が爆弾か何かのように感じられ、さわることが命取りのように感じられていました。同じように、自分もまた他者を死に追いやるかもしれないという自分の加害性を強く意識し、接触を最小限にしようとしていました。

『手の倫理』(講談社選書メチエ)という本で分析したのですが、実は私たちが使っている日本語の中には、興味深いことに、「さわる」と「ふれる」という、二つの触覚に関わる動詞があります。私たちはこの二つを何となく使い分けているわけですが、この使い分けがどのように行われているかということに、コロナ禍が引き起こした体の変化というものの答えがあるような気がしています。

たとえば、自分の傷口に「さわる」と言うと、ちょっと痛そうで、「嫌だ、さわらないで」と引っ込めたくなります。けれども「ふれる」と言われると、何か手当てをしてもらえそうな優しい感じがして、痛いかもしれないけれども我慢しようかな、という気持ちになれます。また、恋人同士であれば「ふれる」でいいと思いますが、痴漢は体を「さわる」で、「ふれる」という言葉は使いません。

「さわる」というのは一方的で、さわった相手がどう思うか、相手が痛いのではないかなどと考えずに、自分のしたいようにさわります。一方、「ふれる」の場合には、まさに相手とふれ合うような、ふれることによって相手はどう感じるかということを想像しながらふれる、という双方向性があります。

たとえば、昆虫に対しては「ふれる」ではなく「さわる」という言葉を使いますが、これは昆虫とは心の交流ができないからということだと思います。これが人形になると、物体であるという意味ではリアルな心の交流はできませんから「さわる」になりますが、誰かの形見であるなど、とても大事な人形の場合は「ふれる」を使うことになるでしょう。

そんなふうに、とても微妙ではあるものの、実は接触面に人間関係が存在し、その人間関係を表現するために、「さわる」と「ふれる」という二つの言葉があるのだと思います。

もっとも、「さわる」が一概に悪いというわけではなく、「さわる」が必要なときもあります。病院で医師が患者を触診するときなどは、体がどういう状態になっているのかという、ある意味、物理的なものを情報としてキャッチしようとしているわけですから、これはやはり「さわる」だと思います。つまり、医師という特殊な専門知識を持つ相手に対し、患者はとりあえず一方的に従う側ということになりますから、そこには交流という目的はありません。逆に、診察で「ふれる」という感情が入ってきたら、嫌な感じがしてしまうのではないかと思います。

人を信頼する快感

体が接触する機会が非常に多いものの一つが、目が見えない人の介助です。私自身、研究を通して目が見えない人と関わる機会が増えたことで、「こんな触覚の世界があったんだ」と、自分の触覚が新たに開発されたようなところがあります。そのことを一番感じたのは、視覚障害者向けのランニングサークルに参加させていただいたときのことでした。

通常、目が見えない人の動きを介助するときは、肩に手を乗せたり、肘を持ったりするのですが、ランニングでは見える人が伴走者としてペアになり、輪になったロープの両端を互いに持ち、二人の手をシンクロさせながら走るのが基本です。私の場合、見えない方の伴走者として走ることもとても楽しかったのですが、驚いたのは、自分がアイマスクをつけて見える人に伴走してもらう経験でした。

アイマスクをつけたとき、最初は見えないということが怖くて足がすくみ、実際にはない段差や障害物の幻覚が見えたりするほどでした。けれども、「視覚障害者の方はこの方法で長い距離を走っているのだから、自分も伴走者を信頼してやってみよう」と、自分の中の恐怖を吹っ切ったところ、経験したことのない快感を味わいました。それは、一言で言えば、人を信頼することから生まれた快感なのだと思います。私は、今まで家族や同僚を信頼していたつもりでしたが、実は、信頼にはもっとすごい深みがあったのです。そこに行くことができたという感覚は本当に新鮮で、素晴らしいものでした。

目が見える私は、普通の生活の中ではそれこそ人と距離を取り、自分で自分のことをやるのがいいことだ、と思って生きてきました。自力でできることをやるのはよいことかもしれませんが、それは裏を返せば人を信じていないということを意味します。アイマスクをして伴走者と走るという経験をしたことで、一〇〇パーセント自分の身を人に預けるということをいかに自分がやっていなかったかということに気づかされました。

　相手を信じて自分を解放すると、接触面を通して、相手の感情や意思がちゃんと伝わってくるという点も、「ふれる」ことのおもしろさであり、価値なのだと感じます。視覚障害者と伴走者のランニングでは、ロープを通じて相手の振動や感情といったものがかなり伝わってきます。ロープを介してだと間接的な接触なのですが、だからこそあそびが生まれて、情報をキャッチしやすいようです。たとえば、目の前に急な坂があるというとき、目が見える伴走者が「ちょっと嫌だな」とためらう気持ちが目が見えないランナーに伝わって、「坂ですよ」と伴走者が伝える前からそのことがもう分かっていたりするのです。慣れた方は、「いいランのときは、お互い共鳴するような感じがある」と言います。

　自分をガードしているうちは、緊張して相手とのあいだに壁をつくろうとしているわけですから、自分のことも伝わらないし相手のことも分からない。けれども、相手を信頼して解放した瞬間に、驚くほどたくさんの情報が相手から入ってきます。自分を相手に預けてこそ相手のことが分かる、というのが触覚的な人間関係のおもしろさです。相手を信頼し、自分を預ければ預けるほど、相手の情報が入ってくるのです。

安心を求めれば信頼は失われる

「信頼」と似ていると思われている言葉に「安心」があります。けれども、実は「信頼」と「安心」の意味するところは逆だと言われています。「安心」が、相手がどういう行動を取るかは分からないので、その不確定要素を限りなく減らしていくものだとすると、相手がどういう行動を取るか分からないけれど大丈夫だろうというほうに賭けるのが「信頼」です。

私がアイマスクをつけて走ったときの経験に喩（たと）えると、そのとき伴走してくれた方は初対面でしたから、どういう人なのかよく分からないまま、一緒に走ることになりました。ある意味、「安心」できない状況であったとも言えますが、私は「伴走のことをよく知っている方なのだから大丈夫だろう」と信じるほうに賭けたわけです。それが人に身を預けるということだと思いますし、「信頼」にあって「安心」にないのは、まさにこの「身を預ける感」だと思います。

「安心」については、以前、教えている学生と何かの打ち上げで一緒になったときのエピソードをご紹介したいと思います。夜九時過ぎ、宴もたけなわで皆でわいわいやっていたとき、その子が急にそわそわし始めました。「どうしたの？」と尋ねたところ、「親から

『門限が一〇時なのに、この時間にまだ大学の近所にいるなんてどうしたの？』と電話がかかってきた」と言うのです。

その学生のスマートフォンには、今いる場所を親が把握できるようなGPS機能が付けられていました。もちろん、それはその家庭の中での親子関係でお互いに納得してやっていることだと思うのですが、親からすれば、GPSで自分の子どもがどこにいるか分かるというのは「安心」です。けれども、このケースで学生の親が得ようとしている「安心」は、自分の心配事をなくす、つまり相手をコントロールするということです。「安心」を求めれば求めるほど相手をコントロールすることになり、その結果、「信頼」は失われていきます。

GPSもそうですが、テクノロジーは「安心」を求める方向に向かいがちです。もちろん「安心」も大事で、特にこのパンデミックという状況の中では「安心」に傾いていくことは仕方ない面もあります。しかし、まさに新型コロナウイルスがそうであるように、必ず想定外のことは起きるわけです。一〇〇パーセントの「安心」がない中で「安心」を求めて心配すればするほど、際限がなくなってしまうということになるでしょう。コロナ収束後もこのまま「安心」をベースとする社会に向かっていくのだとしたら、「信頼」は失われる一方です。信頼のない社会は、相互に監視し合う社会です。そのことを、私たちは考えなければいけないと思います。

ピュシスにさわる

人生のステージの中で接触が大きな意味を持つのは、生まれるときと死ぬときです。人は生まれるときと死ぬとき、必ず誰かの手を借りなければなりません。人生のまんなか、つまり、大人として社会生活を営んでいる間は、ソーシャルディスタンスを取り、接触を最小限にして生活していくことも、ある程度は可能でしょう。しかし、生と死はまったなしの自然です。

コロナ禍で、出産や看取り(みと)の現場は大きな影響を受けました。特に看取りの場面は、メディアでも大きく報道され、人間としての尊厳が脅かされるような不安を、私たちは覚えました。

特に忘れ難いのは、二〇二〇年四月の岡江久美子さんの死です。彼女は集中治療室に入った後は家族と面会することが叶(かな)わず、そのまま亡くなりました。彼女の遺骨が無言の帰宅をしたときはさらにショックでした。葬儀業者の方が自宅の玄関先におかれた椅子の上に岡江さんの遺骨をおき、業者の方が車に戻ってから、夫の大和田獏さんがそれを取りに来ました。まだウイルスの危険性がよく分かっておらず、感染の可能性を最小限にする措置がとられていました。

死が親しい人の手によって受け止められず、さらには手から手へと受け渡されていかないことに、胸が締め付けられる思いがしました。もちろん、面会をしなかったのは病院の大変さを思った岡江さんの思いやりだったのかもしれませんし、本当のところは分かりません。けれども、死が親しい人によって看取られないというのは、亡くなる本人にとって辛いばかりか、家族や治療に当たった医療従事者、さらには葬儀業者の方々にとっても大きなストレスになるのではないかと思います。

福岡の特別養護老人ホーム「よりあいの森」施設長を務める村瀬孝生さんは、お年寄りの看取りに際して、亡くなっていくおじいさんやおばあさんの体にさわることが、周りの人にとっていかに重要かということを語っています。家族や親戚はつい「もっと長生きしてほしい」「ここで死んでほしくない」といった一方的な願望を持ってしまいがちです。けれども、物理的に体にさわっていると、その体が己の摂理に従って死に向かっていることと、閉じようとしていることが分かると言います。つまり、私たちの生が人間の思いを超えたピュシスそのものであることを、接触が教えてくれるのです。これは、大切な人との別れにとって非常に重要な経験です。

興味深いのは、村瀬さんが「さわる」という言葉を使っていることです。人間レベルの双方向的なやりとりは「ふれる」ですが、体には人間的な事情を超えたピュシスという側面もある。そこにアプローチする接触は「さわる」なのです。「ふれあいが重要だ」なんていうことが言われますが、この絶対的で冷たい「さわる」も同じくらい重要なのではないかと思います。ふれあいの外部には、さわることしかできない絶対的なものがある。本来ならば、こうした「人間の思いの届かないもの」を媒介にして、社会はつくられるべきだと思います。

強まる自己責任論

しかし、実際の社会はあまりそうはなっていないように思います。人はすべてをコントロールするべきだ、という前提があまりに強固なものになっているからです。そこにはピュシスの入り込む余地はありません。

こういうことを思うようになった理由の一つは、日本が非常に自己責任論の強い国であるということです。自己責任論とは、何か困難なことが起こったときに、それを本人の責任だと言って責めたり、切り捨てたりするような考え方です。この考え方は二〇〇〇年頃から特に強まったと言われていますが、コロナ禍でもその傾向は顕著でした。

大阪大学の三浦麻子教授らが二〇二〇年三～四月に行った調査によれば、「感染する人は自業自得だと思うか」という質問に対して、日本では一一・五パーセントの人が「そう思う」と答えています。これは、アメリカの一パーセント、中国の四・八三パーセントなどと比べると、かなり高い数字です。少なくとも感染拡大の初期においては、日本では「感染した人の行動が悪かったんだ」「本人がちゃんと自粛していないから感染して周りに迷惑をかけた」と責める風潮が強かったのです。「自粛警察」という言葉も生まれました。ただでさえウイルスに感染して大変な状況にある人に、さらに追い討ちをかけるような社会の姿に愕然(がくぜん)としました。コントロールを前提にした社会には、お互いの信頼も生まれません。

「道徳」と「倫理」を区別する

直接体にふれなくとも、私たちは今「人に会う」という意味での接触の機会を大幅に奪われた世界に生きています。私が一番恐れているのは、接触の機会が減ることによって、人々が「○○すべきだ」という一般論でものを語るようになることです。接触しないと相手の具体的な状況が分からなくなりますから、共感も難しくなるのです。自粛警察は、まさにその象徴でした。みんな一人ひとりおかれた状況が違っていて、できることやできないこと、優先すべきことやそうでないことが違うのに、「○○すべきだ」という言説は、この違いを捨象してしまいます。

私は、今こそ「道徳」と「倫理」を区別することが重要だと考えています。この二つは似た言葉に思えるかもしれませんが、実はまったく違うベクトルを持った言葉です。

まず道徳とは、「人を殺してはいけない」のように、状況によらない、普遍的な命令です。まさに小学校の道徳で習うような内容で、そこには迷いはありません。

一方倫理とは、さまざまな制限のある具体的な状況下で、最善の行動を選ぶことです。絶対的な命令に従うことが必ずしも正解とは思えないときに、何がベストなのか、探し求めることです。そこには「あれでよかったんだろうか」というじりじりした迷いがつきまとうし、その場で解をつくり出すという意味で創造的な行為です。

SNSの発達によって、私たちは普通の人の普通の生活の様子を、何となく知ることができる状況に生きています。けれどもSNSに流れてくるのは断片的な情報であり、その人の生きている具体的な現実のすべてではありません。にもかかわらず、なまじ断片が流れてくるので、それが「○○すべきだ」という道徳的態度を誘発しているようにも思います。

重要なのは、「○○すべきだ」と一般論を振りかざすことではなく、「この状況で何ができるだろう」「相手はどのような状況にあるのだろう」と探る倫理的な態度です。それには時間がかかります。忙しい日々のくらしの中で、いかにこの時間が確保できるかが重要であるように思います。そこには、労働や福祉などさまざまな問題が関わってきます。

「聞く」ことの大切さ

倫理的な態度の第一歩は「聞く」ことだと思います。

たとえば、障害を持った人と関わるにしても、「困っている人がいたら助けよう」と道徳的な態度で接してしまうと、相手について決めつけることになってしまいます。よく、障害を持った人は「障害者を演じさせられている」と口にしますが、善意の押し付けになってしまうのです。

でも、相手に「聞く」ことから始めてみると、全然違う人間関係が生まれます。単純に、手を貸す前に「困っていることはないですか」と聞くことは重要ですし、言葉以外のところにもいろいろな情報があるはずです。この人は急いでいるのか、それとも時間がかかってでも一人で道を歩きたがっているのか。慎重な人なのか、大胆なのか。そういった、振る舞いの端々から聞こえてくる「その人の状況」に耳を傾けることが重要です。

耳を傾けることによって、私たちは自分の思い込みから自由になり、想定していなかった関わりの可能性が見えてきます。最初は手を貸すつもりだったのに、結局自分が話を聞いてもらった、とか、意外にも共通の趣味が見つかってその後も連絡を取り合うようになった、とか、倫理的な態度をとることは、偶然の要素に自分を開き、そうすることによって相手の可能性を引き出すことに通じます。

コロナ禍でソーシャルディスタンスが推奨され、場を共有することの難しさが言われますが、「聞く」ことはむしろ共有しているものがない、つまり互いの場が違うからこそ生まれる行動と言えます。ですから、必ずしも相手と場を共有していなくてもいいわけですし、むしろ場があるからこそ消えてしまうものを救おうとしていると言えます。場は、どうしても人に場の空気に則った演技的振る舞いを強制してしまいがちです。そうした演技がない中で、それぞれの状況や状態、思っていることを確認していく、それがすなわち「聞く」ということだと感じます。そうすることによって倫理の創造性を解放し、道徳の杓子定規な命令に押しつぶされないようにすること、それが私たちが社会の中に居場所を持つということなのではないかと思います。

第三章　コロナがあぶり出した社会のひずみ

藤原辰史

パンデミックと「歴史」の大転換

私の専門は農業の現代史で、とりわけ「食」について関心を持っています。二〇世紀という時代の中で、食や農業がどのように変化を遂げ、人口を急増させ、社会を変えてきたのかということを研究しています。

なぜ「食」かというと、単純に、私が食べることが好きだということもありますが、二〇世紀は人為による飢餓が非常に多い時代であり、集合的な飢餓経験が時代を動かす原動力の一つだったということが挙げられます。日本の歴史を見ても、一九四五年前後は多くの銃後の住民が飢えに苦しんでいましたし、アジア太平洋戦争中には百数十万人もの日本軍の兵士たちが飢餓によって命を失いました。「飢え」の歴史を見直していくと、戦争の悲惨さの本質だけではなく、戦後の消費社会の精神的背景も含めて、これまで見えてこなかった二〇世紀の姿が明らかになってくるのではないか、そう私は考えています。

コロナ禍も、「食」、そして歴史的観点からも非常に考えさせられる出来事であると言えます。

まず、私自身も含めた多くの人がそうだったと思いますが、皆で集まって飲んだり、食べたりすることがほとんどなくなり、家族以外の人と食事をする機会、さらには外食自体が激減しました。私の場合は、家でリモートワークをしていたわけですが、特に図書館も閉まっていた時期は「あの本が足りない」「資料が取り寄せられない」という状況で研究をせざるを得ませんでした。が、それによって、まずは自分の頭で考えてみることが自然と増えていったように思います。岩波新書の「B面の岩波新書」というサイトに寄稿した「パンデミックを生きる指針――歴史研究のアプローチ」と題した文章（編集部注：二〇二〇年四月二日に公開され、一か月で五〇万を超えるアクセスがあり話題となった）は、そのようにして孤独に思索を深める中から生まれました。

担当編集者からの依頼は、「今のこのパンデミックの状況、とりわけ、二〇二〇年三月から始まった一斉休校によって学校給食が中止される中で、コロナと給食の問題について書いてほしい」というものでした。私は『給食の歴史』という岩波新書を書いていますし、コロナ禍の休校で納入されるはずだった給食用の食品が捨てられるニュースを観たりしながら、これから給食がどうなっていくのか、非常に気がかりでした。

そこで、給食という切り口から食べものと今の状況を考えてみようといろいろと調べていったのですが、次第に、それだけでは収まらない歴史の転換がリアルタイムで起こっていく、しかも人間だけではなくそれ以外の生物やウイルスも含めた「生命観」が大きく動いているというイメージを持つようになりました。そのことを説明するために、一〇〇年前に起こったスパニッシュ・インフルエンザを参考にしながら、今どれくらい大きく歴史が動いているのかを知ろうと、いろいろな文献を読み、次々と入ってくる世界中のニュースをチェックしていったところ、完成した原稿は予想の二倍ほどの文章量に膨れ上がってしまったのです。私は本来、書くことが好きで、文章を書いていないと生きていけないような人間なのですが、このときは本当に苦しみながらの作業で、「これぐらいしか書けませんでした」という申し訳ない気持ちで編集者に原稿を送りました。

「パンデミックを生きる指針」では、歴史を通じて客観的な事実を伝えたつもりですが、コロナは生死に直接関わる問題で、ヨーロッパでは非常に多くの方々が家族と会えないまま亡くなっている、また、医療従事者たちが最前線で気持ちを張り詰めて厳しい日々を送っているという状況にありました。そんな危機の時代を生きる道標(みちしるべ)のようなものを探している方が自分の文章を参考にし、それによって人生を決めてしまうかもしれません。もし間違ったことを書いたら、悪い意味で影響を与えてしまうことになります。

実際、あるＳＮＳで「『パンデミックを生きる指針』を読んで、簡単にはこの危機は収束しないということが分かったから、一〇〇〇万円借金をした」という発言を目にして驚きました。これは今回に限ったことではありませんが、文章になった言葉は永遠に消すことができないという重さを、これほど意識させられたことはありませんでした。

これは「新しい現象」なのか？

以前、第一次世界大戦中のドイツの飢餓について研究したとき、その頃大流行したスパニッシュ・インフルエンザについて少し調べたことがありました。当時の状況と新型コロナウイルスのパンデミックには似通っている点が少なくありません。

多くの識者が、新型コロナウイルスのパンデミックは世界を揺るがすほどの、非常に大きな歴史的現象であると述べていますし、私自身も、これは将来の歴史の教科書にも掲載されるような出来事だと考えています。しかし、その一方で、「今起きていることは本当に新しい現象なのだろうか」とも思ったのです。

歴史を振り返れば、古代の都市国家の誕生以降、人間は感染症と闘い続けてきたと言えるでしょう。一四世紀、一六世紀、一七世紀にはペストが世界各地で大流行しましたし、チフスやコレラ、近年は鳥インフルエンザ、SARS、MERSといったさまざまな感染症を人類は経験してきているわけです。そうした歴史の中で、人間は恐怖に打ち震え、さまざまなデマを信じ込んだり、神にすがったりしてきました。今回のパンデミックでも、やはり同じようなことが繰り返されているように思えてなりません。

歴史研究者として考えたのは、こういうときこそ、できる限り虚心坦懐に史料を読む作業が役立つのではないか、ということでした。言い換えれば、それは「起こり得る事態を冷徹に考える」ということになりますが、ここで使われるべきなのは「冷徹」という言葉であって、つまり「冷静」では足りないのです。まず何が起こり得るかという場合分けを徹底的に論理で行い、そこで分析されたことをきちんと受け止めることが必要です。

たとえば、スパニッシュ・インフルエンザという、一〇〇年前のパンデミックでいったい何が起こったのかを「冷徹」に考えていくと、感染症は簡単に収束するものではないことが分かります。スパニッシュ・インフルエンザのときには三回ほど感染の波があったわけですが、ウイルスの感染率や致死率は一度山を越えた後、次の上昇の波に行くまで数か月かかりました。その間、人々は油断したり、次の準備を怠ったりして、さらなる悲劇をもたらしています。また当時の新聞も、第一次世界大戦という非常に大きな出来事の報道にエネルギーを割かれ、世界各国の民衆が飢えと病気で苦しんでいたことについて、ほとんど伝えることはありませんでした。

そうした歴史の教訓を学ばなければ、今コロナというパンデミックの渦中にいる私たちは少し感染が収まるたびに「これでもう、問題ないだろう」などと考え、同じ轍(てつ)を踏んでしまうことになります。

為政者の言葉に騙(だま)されない

「パンデミックを生きる指針」を書いた当時、日本では、コロナのパンデミックはすぐに収束するだろうという非常に希望的な観測が溢れ、メディアでも「二週間我慢すれば大丈夫」などと言われていました。

これには、二〇二〇年東京オリンピック・パラリンピック開催が控えていたことも影響していたと思いますが、その後、オリンピック・パラリンピックが二〇二一年夏に延期されたのはご承知の通りです。当時は、政府など関係者の口からは「一年経てば、五輪開催は大丈夫だ」と、根拠のない希望が語られ続けていました。「どうか収束してくれ」という願いを持つこと自体は理解できるものの、パンデミックの収束が見えていないという状況は続いていたのが現実なのですから、まさに「希望はいつしか根拠のない確信となり果てる」のです。

為政者たちがこのような不確かな「希望」を「語る」または「すがる」というのは、日本に限ったことではありません。アメリカのトランプ前大統領をはじめ、パンデミックなど存在しない、あるいはあたかもすぐに消え失せるなどと発言した為政者は世界中にいます。たとえば、ベラルーシのルカシェンコ大統領は「新型コロナウイルスを怖がるのは精神的な問題だ」「気持ちをしっかり持っていれば感染しない」と放言し、自らアイスホッケーの試合に出場して、「これくらい冷えた場所なら新型コロナウイルスも蔓延しない」と、無責任な発言を繰り返しました。

彼らの言動から思い出すのは、第一次世界大戦開戦時にドイツ皇帝ヴィルヘルム二世が人々に何を語ったかというエピソードです。

現代から見れば、第一次世界大戦は四年以上続いたということは常識ですが、開戦当時は「すぐに終わる」という楽観的な空気が支配的でした。ヴィルヘルム二世もそうした楽観論を取った一人で、一九一四年の夏に第一次世界大戦が始まったとき、「この戦争は落ち葉の季節までには終わる」と国民に約束しています。ヨーロッパの人々にとってクリスマスは大変重要な行事ですから、ヴィルヘルム二世は「それまでには帰れるから、頑張ってこい」と兵士たちを激励し、家族には「心配するな」というメッセージを送りたかったのでしょう。しかし、結果的に、これは大いなる裏切りとなり、根拠のない希望を人々に与えてしまいました。

為政者の楽観という点では、アジア太平洋戦争中の日本も同様です。大本営は「この戦争は日本の勝利に終わる」と国民に繰り返し語り、相次ぐ敗退を「転進」という言葉で言い換えました。そして、メディアもそれを垂れ流し、多くの人が「必勝日本」を信じた。敗戦後、大手新聞社も出版社も、自分たちが戦争を止められず、しかも、政府への批判能力を失い、戦争の道を開いたと反省文を発表しました。

歴史上、為政者たちは、そういうあいまいな、あるいは人々がふとすがってしまうような言葉を常に発信してきました。自分の頭で考えれば、たとえば「転進」が実は「敗退」

であることは分かるはずなのに、人々は為政者の心地よい言葉に騙されてきたというのが、歴史の冷酷な事実です。その反省の意味でも、ヴィルヘルム二世やアジア太平洋戦争の時代の軍人たちの言葉を改めて掘り起こし、冷徹に考えることが必要だと思います。

甘い「罠(わな)」に警戒を

危機の時代において、さまざまな不安にかられている人々が求めがちなのは、分かりやすく、単純なメッセージです。たとえば、「一致団結してこの危機を乗り越えよう」「ワンチーム」などと言われることがありますが、これらの耳に心地よく響く言葉の裏にある危うさには十分注意しなければならないでしょう。

一九二九年の世界恐慌の後、ナチスが人々に語ったのも、「血と土」(Blut und Boden)という、やはりとても分かりやすいメッセージでした。この大変有名なナチスのスローガンは、ナチスにとって非常に重要なキーワードであると私は考えています。特に注目してきたのは「土」の部分です。

ナチスは、株の取引などでお金を儲(もう)けるのではなく、肉体を使い、汗水垂らしてはたらくこと、とりわけ自然の力である土と向き合う農業が大事だと説き、アーリア人種の血を受け継ぐドイツ人農民こそが新しいドイツの未来を築くのだと人々に呼びかけました。おそらく現在でも、特に環境問題に関心がある人ほど、自然と向き合ってはたらく人たちが尊いという「血と土」のメッセージが響くところはあるのではないかと思います。

しかし、これはよく考えると大変恐ろしいスローガンです。「血」という言葉によって、「アーリア人種は優秀であるが、そうでない人種は劣等だ」という分断線をあらかじめ引いておき、「優秀」とされるアーリア人種に対しては、「『血』を受け継いでいるあなたたちは正しいのだからそのままでいい」と安心させる。そうしたメッセージは、常に人種主義に組み込まれており、だからこそ、ナチスのようなファナティック（狂信的）なものにドイツ人は惹かれたとも言えるでしょう。

危険で甘い人種主義の罠は今も生き続けています。日本でコロナの感染者が少ないことを受けて政治家が発した「日本人の民度が高いから」という言葉は、「血」で分断を図る、明らかにナチス的な発言ですし、自治体が保育所や幼稚園などに配付するマスクを朝鮮学校の幼稚部には配らないというさいたま市の判断も、のちに撤回したとはいえ、やはり、「境界線の外」にいる人々を容赦なく排除したものと言えます。

ナチスの歴史は、「血と土」のような、分かりやすい、うっとりする言葉に対して警戒し続けなければならないということを教えてくれています。今のコロナの時代に一致団結して危機を乗り越えようとするとき、「ワンチーム」というそれ自体では正しく思える言葉によって誰かを排除していないか、点検することを忘れてはなりません。

食べものを通じて広がる分断

恐ろしいのは、こうしたナチスのレトリックやセオリーが食べものと直接関わってくるということです。

ナチスは、第一次世界大戦の反省から、二度とドイツを飢えさせる国にはしないということを目標の一つにし、さまざまな政策を実行していきました。食料自給自足や台所のフードロスをなくすなどの運動は、決して人々の支持を得られたわけではなく、大きな成果を残せなかったとはいえ、最終的には一九四四年頃まで、ナチスはドイツ本国に暮らす国民を飢えさせることはありませんでした。では、なぜそれが可能だったか。実は、当時、東ヨーロッパにあった占領地から食糧を徴発しドイツに送らせていたからです。これは、「占領地の住民は食べものが少なくても生きていける人種なのだから、ここには食べものはなくていい」という人種主義に基づいて行われた食料の再分配でした。やや強引にまとめれば、ナチスは、「しっかり食べて未来のヨーロッパを担う人種」であるアーリア人、「あまり食べなくてもよく、低コストの労働力としてドイツ人に貢献する人種」であるスラブ人、そして「飢えさせて、最終的に死んでもかまわない人種」であるユダヤ人とカテゴライズし、境界線を引いて、人々の生を分断していったのです。

このように食べものを通じて分断が広がっていくということは、歴史上、幾度も起こったことで、現代の日本を生きる私たちにとっても無関係ではありません。給食という事例一つとってみても、七人に一人の子どもが相対的貧困家庭で育つという日本には、一日の中で唯一まともな食事が学校給食という小中学生が大勢いるわけで、新型コロナウイルス感染拡大を防ぐという名目で実施された休校期間中、給食にアクセスできなくなることにより、その子たちの健康に大きな問題が生じていたわけです。こうしたことは、これからも十分起こり得ることだと思います。

真の文明国家とは何か

普段自分自身が平和で平穏な生活を送れていると思い込んでいる人々は、危機的状況におかれたときに、自分の平和が脅かされたとしか考えないので、思わずボロが出るものです。コロナのパンデミックの中で、そうした場面をいろいろなところで見せつけられたように思います。たとえば、新型コロナウイルスのクラスターが発生した場所がバッシングされたり、白衣を着たまま車に乗った医療従事者が非難されたりするなど、皆が石を投げている場所へ自分も石を投げようという人々の姿は、まるで魔女狩りのようでした。

そんな「石を投げる」流れの中で、はたして私たちはどういう立場でいられるのか、ということを考えたいと思います。

魔女狩りの状況が新聞を賑（にぎ）わせていた最中（さなか）、私が強く心を動かされたのは、新型コロナウイルスの最初の感染爆発地となった中国・武漢で、封鎖中の日々を綴（つづ）った日記をネットで公開した作家、方方（ファンファン）さんの言葉でした。

> ある国の文明度を測る基準は、どれほど高いビルがあるか、どれほど速い車があるかではない。どれほど強力な武器があるか、どれほど勇ましい軍隊があるかでもない。どれほど科学技術が発達しているか、どれほど芸術が素晴らしいかでもない。ましてや、どれほど豪華な会議を開き、どれほど絢爛（けんらん）たる花火を上げるかでもなければ、どれほど多くの人が世界各地を豪遊して爆買いするかでもない。ある国の文明度を測る

唯一の基準は、弱者に対して国がどういう態度を取るかだ。

（『武漢日記』方方著、飯塚容・渡辺新一訳、河出書房新社、一四一頁）

文明と言うと、私たちは機械文明という言葉をすぐに連想し、ドローンや高層ビル、リニアモーターカーや空飛ぶ車のようなものを真っ先に思い浮かべます。大きな建物を建てたり、超高速の乗りものを開発したりすることが進歩であり、私たちの目指す方向だとされてきました。つまり、私たちはいつのまにか、文明国家の基準は多くの物質に囲まれていることだと思うようになっていたわけです。しかし、そうした「文明」は本当に私たちの生きる世界の基準だったのでしょうか。

まさに方方さんが喝破した通り、コロナのパンデミックで顕在化したのは、生きることや生活することが困難な状況に陥っている人々がこんなにも大勢いる、そしてコロナ危機の中、自分たちもいつそうなるか分からないということでした。真の文明国家とは、それでもなんとか生きていけそうだと思えるような社会のはずだという方方さんの訴えに、私は深く共感します。

コロナ禍があぶり出した社会のひずみ

コロナは、危機のしわ寄せがいくのはどういうところなのか、ということをあぶり出しました。それは、今まで私たちがどこに目をつぶっていたのかという問題と重なります。たとえば、新型コロナウイルスに罹患したひとり親が子どもだけを家に残して入院するリスクは、コロナ以前に親が病気になって生活が困難になるリスクと比べて、どちらが高いのか。

あるいは、野宿者たちにとって、病気に罹るリスクと新型コロナウイルスに罹るリスクのどちらが高いのか。

感染の危機にさらされながらも日々はたらきに出る看護師や介護士は、はたしてそれに見合う賃金を得ているのか。

また、コロナ禍で生じた二〇〇万人とも言われる失業者が派遣労働者に集中し、生活の危機にさらされているのは、派遣労働という、何かあったらすぐに首を切れる雇用形態がすでにつくり上げられていたからではないのか。

海外に目を向ければ、ブラック・ライヴズ・マターのデモの参加者のうち少なからぬ人たちは、実際にコロナ禍で大きなダメージを受けた人たちでもありました。リモートワークができない、低賃金労働についていたということはもとより、集団感染が起きた食肉工場ではたらく人々の多くもやはり黒人やヒスパニックの人々でした。密集してはたらく大規模食肉工場の環境自体がウイルスが蔓延しやすいもので、食肉工場の劣悪な労働環境については、エリック・シュローサーという有名なアメリカのジャーナリストが『ファストフード・ネイション』（邦題『ファストフードが世界を食いつくす』楡井浩一訳、草思社）という著書で伝えています。大量の食肉を捌（さば）くためには人が密に集まらざるを得ず、休憩もろくに取れない中で、次々と流れてくる肉を短時間でナイフを使って捌くのは、非常にきつい作業です。しかし、食肉工場での感染リスクの深刻さが報じられて以降も、トランプ大統領（当時）は一九五〇年の朝鮮戦争時の法律を適用する形で、食肉処理工場の業務を続けさせる大統領令を出しました。

感染リスクにさらされていたのは、アメリカの食肉工場の労働者だけではありません。たとえば、ドイツの食肉加工工場の労働者の多くが低賃金で雇われたルーマニアやブルガリアから来た労働者で、彼らは工場だけではなく日常生活でも狭い住居の中に押し込められ、やはり集団感染が発生することになりました。

私たちの中でどれだけ、自分たちが食べているパック詰めの肉がこのような過酷な労働によって加工されていることを知っていた人がいたでしょうか。コロナが蔓延していく中で次々と明るみに出てきた貧困、DV、児童虐待といった数々の問題は、ずっと前から私たちの周りにあったものばかりです。しかし、私たちはこれらのことを知ろうともしてきませんでした。あるいは、知っていても向き合おうとしてこなかったり、忘れようとしたりしたとも言えます。

コロナがあぶり出した社会のひずみを一言で言うとしたら、平和学の研究者ヨハン・ガルトゥングが掲げた「構造的暴力」ということになるでしょう。誰が加害者なのかがあいまいで、しかも加害者が危害を加えている意識が非常に薄く、その上「サステイナブル」であるため、被害者の側は日常的に苦しめられている、これが構造的暴力の特徴です。また、武器を使って敵を殺害する直接的暴力とは違い、メディアの報道に乗りにくく、人々が知る機会が少ないという点も挙げられます。ただ、本当に重要なのは、私たちが知ろうとしなかったことなのです。

コロナ以前から存在していた危機

コロナ禍で、私たちは「これは危機だ」「大変なことになっている」と不安にかられていますが、実はそう叫んでいる人々の多くは、このような危機をリアルに感じてきた人たちの存在に気づかなかったから、「新たな不安」として感じることができるのです。コロナ以前から、コロナ以上の危機を抱えて暮らしてきた人たちが大勢いたことに今こそ気づくべきだと思います。

その一つが、移動の自由の制限です。コロナ禍によって、私たちは外出を自粛し、海外では都市封鎖など厳しい措置もとられましたが、これもやはり今回初めて起こったことではありません。現代史に限ってみても、都市を封鎖させることでそこに住む人々の健康状態を悪化させるというのは、実はありふれた出来事です。たとえば、第一次世界大戦では、イギリスなどの連合国がドイツに対して海上封鎖を行っていますし、第二次世界大戦中の対ソ戦でも、ナチス・ドイツはレニングラードを包囲、封鎖する作戦を実行しています。いずれも、数十万人の市民が飢餓に苦しみ、亡くなりました。

現在進行形のものでは、パレスチナのガザ地区ではここ十数年、イスラエルによって高い壁が築かれて封鎖が行われ、食料や医療物資をはじめとするさまざまな物資の不足が常態化しています。経済不況はもちろんのこと、非常に劣悪な衛生状態が続き、いわゆる医療崩壊も日常的に起こっています。日本政府はイスラエルと投資協定を結び、首相も繰り返し訪問しています。が、そんなガザの人々の苦しみは、優れた日本のジャーナリストや研究者たちによって繰り返し紹介されてきたにもかかわらず、日本の政治家はほとんどふれようとしません。私たちも、どれだけ自分たちの問題として考えてきたでしょうか。

私たちは今まで、構造的暴力にさらされてきたさまざまな人々とリンクするチャンスを一つひとつ潰してきました。けれども、コロナ禍をきっかけにあぶり出されてきたさまざまな問題に接し、ようやく自分の視野の狭さに気づく機会を得たのだと言えます。

自らの身体感覚として受け止める

私が特に胸を掻き乱されたのは、日本に難民申請をした外国人の収容の状況でした。二〇一八年四月、茨城県牛久市にある東日本入国管理センターに収容されていたインド人男性のディパク・クマルさんが自殺した状態で発見されるなど、何人もの被収容者が自殺を図り、ハンガーストライキを行う状況が続いています。彼らが収容されている入管施設の環境は、基本的人権を奪われた、非常に劣悪なものです。そのことを訴える方法が自殺やハンガーストライキしかないというところまで、彼らは追い込まれている。この問題もやはり、日本の入管制度が誰を排除しているのかを明らかにした、構造的暴力です。

日本に住む多くの人々は、「自分たちは難民になどならない」と思っているかもしれませんが、この混迷した社会の中で、いつ自分たちが彼らの立場におかれてもおかしくありません。コロナ禍は、その想像力、いやリアリティーを私たちに与え、構造的暴力の中で弱い立場におかれた人々のことを自らの身体感覚として気づくチャンスを与えてくれたのではないかと思っています。そして、新しい社会を築き上げる上で、これは大きなヒントになっていくはずです。

負の歴史から学ぶこと

現在さまざまなところで私たちが加担している構造的暴力をきちんと問いなおしていく近道は、やはり歴史、特に負の歴史を深く学ぶことだと思っています。

本来の人間の性質として、負の歴史というものを隠したい、できれば見せたくないと抱え込むことはあるでしょう。一方で、私たちは負の歴史を繰り返させないための知を鍛えなければなりません。その第一段階として、負の歴史のどこに矛盾がたまっていたのかを意識していくことが必要だと思います。そうしたことを掘り返すことが歴史研究者の仕事であり、歴史博物館が担う役割と言えるでしょう。

以前、千葉県佐倉市にある国立歴史民俗博物館で開かれたシンポジウムで、ドイツの歴史博物館「Deutsches Historisches Museum」の館長とお話ししたとき、非常に記憶に残った言葉がありました。この博物館は首都ベルリンの、ウンター・デン・リンデンという、観光客が多く訪れる有名な通り沿いに建っているのですが、ドイツの政治家はここを頻繁に訪れ、そのたびに専門の歴史家がついてレクチャーするのだそうです。メルケル首相もこの博物館を訪れることがあり、「この博物館で歴史を学ぶことで、現在抱えているさまざまな問題を解決する糸口を探すことができる」と語っていたと聞きました。

新型コロナウイルス感染拡大を防ぐため、ドイツで移動の自由が制限されたとき、メルケル首相が「こうした制約は、渡航や移動の自由が苦難の末に勝ち取られた権利であるという経験をしてきた私のような人間にとり、絶対的な必要性がなければ正当化し得ないものなのです」と国民に伝えたことは印象的でした。メルケル首相の出身である東ドイツは移動の自由だけではなく表現の自由も強く制限されていた国だったわけですが、そうした基本的人権を制限することへの躊躇(ちゅうちょ)を、日本の政権与党がほとんど語ることができなかったのは、大きな違いだったと言えます。

もちろん、ドイツ国内も難民排斥を訴える党が躍進するなど大きな問題を抱えていますが、それでも現在の問題を歴史から学ぼうとする傾向が比較的強いドイツは、基本的人権を制限することの怖さをよく理解していること、そして歴史というものは常にマグマのようにふっとある瞬間に湧いてくるということを、メルケル首相の言葉から改めて感じました。一方日本では、緊急事態宣言が出たときに、国民の多くがそのことを望んでいた、つまり自分たちの基本的人権を制限することを求めていたというアンケート結果があり、これはドイツとの大きなギャップです。

よく言われることですが、歴史を生きた庶民は、忘れっぽく、喉元すぎれば熱さを忘れるということを繰り返してきました。今を生きる私たちにもそういうところがありますし、日本では水に流す文化が非常に強いためか、あらゆる負の歴史に対して蓋をし、なかったことにしようとする傾向があります。しかし、これは由々しきことです。

私が大きな問題だと思っているのは、ある歴史の事実が日本の過去を貶(おとし)めてしまうとして、政治家がそれに目を閉ざし、もっと日本がよい国であったと人々が思えるような歴史観を各所に強制する役割を果たしていることです。

たとえば関東大震災のときの朝鮮人虐殺についても、つい最近まで東京都知事は追悼式典に追悼文を送り、あのとき何が起こったのかを再確認するということが行われていたにもかかわらず、小池百合子都知事は四年連続で追悼文の送付を取りやめています。

また、ハンセン病患者の隔離も忘れてはいけない日本近代の「負の歴史」であり、根拠がないにもかかわらず続けられてきた、まさしく構造的暴力です。隔離されてきた人々に対する聞き取り調査や研究によって、基本的人権が日常的に奪われていたことが明らかになっていますが、こうした人権侵害が行われていた事実を知り、二度とないようにしようと歴史に学ぶ姿勢が為政者たちにあまり見られないというのは、非常にもったいないことだと思います。

負の歴史は、それに目を背けるのではなく、それを直視することで、現在を生きる指針に変えられるのです。

危機をどう乗り越えるか。その手がかりは、実は負の歴史の中でこそ探りやすいと言えます。世界中に新型コロナウイルスが蔓延し、多くの構造的暴力が私たちの目の前に現れ出ている今、過去がどういう形でふさがれ、見えないようにされてきたのかということも含めて、私たちは歴史を知り、学んでいかなければならないのです。

第二部　鼎談・ポストコロナの生命哲学

第四章　漫画版『ナウシカ』の問いかけ

コロナ禍で読む『風の谷のナウシカ』

福岡　今回、伊藤さん、藤原さんとポストコロナの人間のあり方について語り合うという貴重な機会を得たわけですけれども、ここでキーワードとなるのは「ピュシス」と「ロゴス」という言葉であると思います。新型コロナウイルスの問題は、まさにこのピュシスとロゴスがせめぎ合う有様をあぶり出していると言えるでしょう。

そのことを考えていくにあたり、ぜひ話題にしたいのが、宮崎駿（はやお）の『風の谷のナウシカ』です。『ナウシカ』はアニメーション映画も有名ですが、ここで言う『ナウシカ』は漫画版（徳間書店）のほうで、私がニューヨークでロックダウンされている間、宮沢賢治の『春と修羅』の他にもう一冊、読み返してみたいと思った本でもありました。また、伊藤さんや藤原さんの本棚にも『ナウシカ』の漫画が全巻並んでいると聞いて、『ナウシカ』についてもぜひ話題にしたいと思ったわけです。

伊藤　漫画版『ナウシカ』は、私の世代にとってすごく親近感がありますし、小さい頃から何百回と読んでいます。

藤原　私は弟が購入したものを実家に帰ったときにたまに読んでいましたが、二〇一七年に、『ナウシカ考』（岩波書店）を執筆した赤坂憲雄さんと雑誌で対談するために、きちんと取り組もうと思って全巻購入しました。もう夢中になりました。

人類は今、新型コロナウイルスという、今まで私たちが生きてきた人生の尺の中では感じたことがないようなピュシスの力を感じざるを得ない状況におかれていますが、『ナウシカ』は、ウイルスのような生命を脅かすものであっても、それとどう折り合いをつけていくのかということについて、大きな示唆を与えてくれる作品だと思います。

伊藤　このコロナ禍において、『ナウシカ』はとても重要な作品だと私も思います。

新型コロナウイルスの世界的流行が明らかになってきた二〇二〇年三月末、アメリカに住んでいる美術史の研究者の友人に『ナウシカ』の英語版を送りました。彼女はもともと、ニューヨーク近代美術館のキュレーターだったのですが、以前会ったとき、「今度、『共生』をテーマとした展覧会をする」と聞いていたんです。展示の中心は細菌やウイルスとの共生になるとのことだったので、きっと新型コロナウイルスの問題もタイムリーに受け止めているはずだし、『ナウシカ』からインスピレーションを得られるのではと思いました。航空機が減便されていて到着まで二か月以上かかり、孫と一緒に読んでいる、との返事が来ました。

人間文明の行く末

福岡　『風の谷のナウシカ』の物語は、超高度な科学技術を持つ人類が起こした「火の7日間」という最終戦争によって地球文明が一旦滅びた未来を舞台に展開されていきます。猛毒の大気を撒き散らす菌類の森である腐海が人類の生存を脅かし、人々はマスクなしでは生きていけないというところなどは、コロナ禍の私たちを否応なく思い起こさせる光景と言えるでしょう。

しかし、『ナウシカ』の漫画版は映画版と大きく印象が違います。

映画では、主人公のナウシカという少女は、汚染された地球を浄化し、そこから再生の芽を見つけていくという、ある種のエコロジーの戦士として描かれ、ナウシカが未来を見つめて終わる、きれいなハッピーエンドです。こうした、こぢんまりとまとまったストーリーになった背景には、二時間程度の尺しかない映画の中ではある種の商業的なカタルシスが必要だったということも関係していたでしょう。

ところが漫画版では、その安易な結末を宮崎駿自身が否定しています。ナウシカはさらに過酷な長い旅に出て、文明の遺物を見つけながら、人間が至ってきた道をたどっていきます。彼女が行き着いた約束の地は、再び人間が文明をやりなおすための準備が隠された「シュワの墓所」と呼ばれる場所でした。

藤原　ナウシカが墓所にたどり着く前に訪れる「庭」では、『ナウシカ』の世界に生きている人類は主人公であるナウシカも含め、汚染された地球環境に適応するように開発された人造人間だったという、非常にショッキングな事実が明らかになりますね。だから、ナウシカたちは再生した「青き清浄の地」では生きることができないわけですが、「墓所」には、そのことを可能にする技術が保管されていました。にもかかわらず、ナウシカは人造兵である巨神兵「オーマ」の力を借りて、「墓所」を破壊してしまいます。

福岡　並みのSFであれば、ナウシカによって見出(みいだ)された新しい文明のきっかけから、人間がもう一度文明社会をやりなおすという約束の下に幕が閉じられたでしょう。しかし、漫画版『ナウシカ』ではまったく逆の展開となり、ナウシカは約束されるべき文明の再生を否定して「墓所」を徹底的に破壊してしまいます。このエンディングは、『ナウシカ』の物語を読む人の心に深く突き刺さる大きな謎です。

なぜ、ナウシカは約束の場所を破壊したのか。

この問いは、人間文明の行く末に対するクエスチョンと相似形をもって重ね合わされます。人間がロゴスというある種の虚構を発見したことによって文明は発展してきたわけですけれども、宮崎駿は、人間がつくり出したこのロゴスというものに人間がどう対峙していくか、あるいはどのようにピュシスとロゴスの問題を考えていくかということに関して徹底的に考え、思い悩んで、ナウシカの物語を書いたのだと私は思います。

コロナ以前の過去一〇年、二〇年、三〇年を振り返ってみても、私たちは地球文明の大きな岐路に立たされるような事件に何度も直面してきました。コロナ問題は「火の7日間」のように人間の文明を焼き尽くしてはいませんが、非常に大きく揺るがせたということは間違いありません。文明に対して幾度も問いかけられてきたそれらのクエスチョンが改めて突きつけられていると言えますし、だからこそ、コロナのパンデミックはこのことを再考する契機と捉えるべきだと思います。

パンデミックという人災

伊藤　このパンデミックが始まった頃に読んだ『コロナの時代の僕ら』（パオロ・ジョルダーノ著、飯田亮介訳、早川書房）というエッセイに、とても印象深い言葉がありました。これを書いたパオロ・ジョルダーノはイタリアの若い小説家で、彼がこの本を書いたのは二〇二〇年二月末、イタリアが一番大変だったときです。またたく間に世界中の人々が手に取るベストセラーとなり、日本でも話題を呼びましたが、私自身もこの本にとても勇気づけられました。

一つ「なるほど」と思ったのは、パオロ・ジョルダーノがコロナのパンデミックについて「これは新型コロナウイルスの引っ越しである」と書いていたところです。「ウイルスは、細菌に菌類、原生動物と並び、環境破壊が生んだ多くの難民の一部だ。自己中心的な世界観を少しでも脇に置くことができれば、新しい微生物が人間を探すのではなく、僕らのほうが彼らを巣から引っ張り出しているのがわかるはずだ」と述べられているのですが、これは本当に大事な指摘で、つまり今回のコロナウイルスは人災であり、原因は人間にある、ということなんです。新型コロナウイルスのアウトブレイクが起こったとき、世界中がパンデミックにうまく対処できませんでした。これが一つめの人災だと思いますが、パオロ・ジョルダーノが言っているのはもっと根本的なことで、このパンデミックは「地球全体の生態系のレベルで起きている」という意味での「人災」だということです。

私たち人間の活動が地球環境を破壊した結果、生物の生息地が大きな変化にさらされています。たとえば、森林破壊によって、そこに棲んでいた生物がもともとの生息地から追い出される、それと同時に、その生物の体の中に棲んでいたウイルスや細菌も森林から一緒に出てきてしまうということが起こります。パオロ・ジョルダーノの言葉を借りれば、いわば難民のようになって、もともといた場所ではないところにウイルスがどんどん引っ越しを始めたけれども、そうすると、本当は接触しないはずの動物と接触するようになり、人間という行き先にウイルスがどっと引っ越して、アウトブレイクが起こっていく。

藤原　伊藤さんの今のお話にあるように、まさにパンデミックは人間の経済活動が招いてしまったことだと、私も思います。

新型コロナウイルスの宿主はコウモリやセンザンコウなどの野生動物だと言われていますが、結局のところ、本来は森林の自然の中で動物たちに寄生しながら生きていたウイルスが、人間が広大な森林を伐採してプランテーションの造成を進めていくことにより、その生存区域が人間の世界と近づいてしまったということですよね。エボラウイルスなどでも、ウイルスを持つコウモリやセンザンコウがプランテーションのバナナに唾液を付けたり、人間が暮らすゾーンに糞尿を撒き散らしたりして、人間がウイルスに感染する状況がつくられていったと言われています。また、日本をはじめとして経済先進国は、アフリカや東南アジアのプランテーションや鉱山での生産物を輸入していますが、そこに集まる膨大な労働者を食べさせるために、ブッシュミートという野生動物の肉のマーケットが急速に拡大していることも、今回の背景にある、と報じられています。

伊藤　まさに人間の活動によって元のすみかを失ったウイルスが「お引っ越し」したということですね。

今のお話で思ったのですが、『ナウシカ』もある意味、引っ越しの話なんですよね。『ナウシカ』の世界では、腐海はそこに棲む巨大な虫、王蟲の移動によって拡張を続けていて、人間が住める場所がどんどん狭くなっているわけです。そんな状況の中で、人間はお互いの住む場所を奪い合おうと戦争をしている。でも、天災と思われていた腐海は実は、汚染された世界を浄化するために人間がつくり出した人災だったということが分かります。つまり、自分にとって敵だと思っていたものの原因が自分にあったということで、これはコロナのパンデミックにも非常に通じる点です。

新型コロナウイルスのパンデミックはこれ一つとっても人類全体として考えなければいけない大きな問題だと思いますが、これは人間が地球環境を破壊してきたことの一つの結果です。おそらく、パンデミックは今回で終わりではなく、今後も起こるでしょうし、これまで人間が環境を破壊してきたことのツケはもっと大きなリアクションとなって返ってくるはずです。新型コロナウイルスはその予兆であり、人類へのメッセージだという気がします。コロナのパンデミックがそのことの教訓を私たちに伝えているのだとすれば、今後、人間と自然の関係はどのようになっていくのか、深く考えさせられます。

藤原さんは、歴史という時間軸を遡りつつ、生態系全体に関わる空間的な広がりを持った、非常にスケールの大きな研究をされていて、いつも圧倒されるのですが、過去の歴史を踏まえるならば、人間と環境の関係はこれからどのような方向に進んでいくと思われますか。

藤原　コロナのパンデミックを経て私たちが見直さなければならないのは、人間と自然との関係だけではありません。「環境」だけを切り取って、青い海や緑の森林を守ろうという宣伝が世に溢れていますが、そこに人間破壊があるという事実は隠蔽されます。人間と人間の関係も含めた、広い意味での環境というもののあり方こそ、問われていると言えます。

環境史的観点から言えば、人間と自然との関係が向かう先として、一つは消毒という方向になると思います。今も、新型コロナウイルスへの恐怖心から、ウイルスを消そうとあらゆる薬剤が使われていますし、お店などに入るときアルコールで手を消毒したり、テーブルを消毒液で拭いたりしているのを見て、私たちは安心するわけです。しかし、いわば消毒文化が広まることが本当にいいことなのかどうか、私は疑問を持っています。

福岡　藤原さんは「パンデミックを生きる指針」の中で、ある種の汚れに対する恐怖、つまり過剰なまでの消毒文化について危惧されていましたが、そのあたりについて、もう少し詳しく聞かせていただけますか。

「消毒文化」の何が問題か

藤原　もちろん、医療現場をはじめとしてある程度の消毒は必要だと思いますが、現在、消毒があまりにもカジュアルになり過ぎているように感じます。「農薬」や「殺虫剤」は「毒」ですよね。毒によって毒を制する発想に強く依存しているのは問題だと思います。

ウイルスだけではなく私たちにとって有益な細菌やウイルスも殺してしまいますし、それによって私たちの体内にいる微生物を弱体化させることになるという可能性もあります。

福岡　私も、行き過ぎた消毒文化は生きている生命体としての私たち、あるいはピュシスとしての生命に対してかえって害作用をもたらすのではないかと思います。

微生物は目に見えないだけで私たちの周りのありとあらゆる場所にいますし、人間の皮膚の上や「皮膚」が内側に折りたたまれた消化管（内なる皮膚とみなせる）内にも大量の微生物が生息しています。これらは腸内細菌と呼ばれ、ヒト一人の消化管内には一二〇兆〜一八〇兆もの腸内細菌がいると推定されていますが、単に人間が食べる栄養素をかすめ取っているだけではなく、免疫システムに一定の刺激を行うことによって宿主の免疫を調整しています。つまり、腸内細菌は消化管内で危険な外来微生物の増殖や侵入を防ぐ一種のバリアとしてはたらき、日常的な整腸作用を行ってくれている存在なんです。

藤原　つまり、私たちは自分の体に棲んでいる膨大な数の微生物と共存しない限り、生きていくことはできないということですよね。それだけではなく、私たちが食べている味噌や醤油やヨーグルトなどさまざまな発酵食品がつくられる過程でも、微生物の力が大きく寄与していることを考えると、行き過ぎた消毒文化は、やはりマイナスにはたらくと私も思います。
レイチェル・カーソンの『沈黙の春』（青樹簗一訳、新潮文庫）という本の中にある「沈黙」という言葉に見られるように、消毒を理由にあまりにも多くの化学薬品を使うことは鳥が鳴かない世界をもたらすことになるでしょう。

福岡　その通りですね。カーソンの『沈黙の春』のもう一つの重要なメッセージは、自然界の中で、生命が絶えず相補的な関係性の中に連鎖、もしくは共存して生きている、という指摘です。強力な農薬を撒けば害虫を駆除でき、農家は手間が省けます。強力ということは、それだけ環境に残存する程度が高いということ。その結果、標的以外の多くの昆虫が長期間にわたって影響を受けます。すると、昆虫を餌にしていた魚類や小動物が、餌を失い、それを糧にしていた鳥も生存を脅かされる。食物連鎖は、一見、弱肉強食と喩えられるように、上位に立つものが強者、下位のものが弱者、のように見えますが、相互依存、相補的関係にある。捕食者がいるから被食者の数が抑制され、そのことで、被食者が食糧としていた植物の生態が維持される。一方、上位の捕食者も無制限に増えれば餌がなくなりますから、一定数が保たれる。結果的に同じ生態圏の中で複数の種が同時に共存できる。つまり食う食われるというのは、残酷なように見えて、実は、共存共栄のための利他的な行為でもあるわけです。それは、寄生者と宿主の関係にも言えますね。寄生＝パラサイトというと、悪者のように聞こえますが、自然界の中の寄生者は、人間がそう名付けただけで、決して一方的な搾取者ではない。その好例が、腸内細菌です。

腸内細菌は、人間の体細胞の数の数倍の規模で消化管に生息しています。以前は、腸内細菌はただそこに寄生して、人間の栄養をかすめ取っているのだと考えられていましたが、先にふれたように、積極的に、ヒトの免疫系の調整に役立っています。アレルギーやアトピーは腸内細菌の乱れによって起こりやすくなるというデータもあります。胎児の消化管には腸内細菌はいません。赤ちゃんが生まれ出るとき、お母さんの産道を通過しながら、乳酸菌類を舐め取ることが、腸内細菌のもとになります。ですから、赤ちゃんが最初に出会う「他者」はお母さんではなく、お母さんがプレゼントしてくれる腸内細菌なのです。さらには、腸内細菌がホルモンのバランスなどに作用し、宿主の心理状態やムードにまで影響を及ぼすと指摘している研究者もいるほどです。

同じことがウイルスにも言える可能性があります。ウイルスもまた私たちの身体という自然を取り巻く、相補的・利他的な存在と見ることも可能です。ウイルスも、長い目で見ると、集団に免疫を与え、社会を調整し、改革を促進する作用があると考えることができます。コロナ禍によって顕在化した社会問題やいろいろな出来事――たとえば、トランプ政権の退場など――は、俯瞰して見れば、そんな調整作用の帰結とも言えるかもしれません。ですから、ウイルスやばい菌から完全に隔離された、清潔過ぎる人間というものは、本当はあり得ない状態なのです。

「クレンジング」は人類の欲望

藤原　消毒文化あるいは潔癖主義は排除を求める心性と一体です。たとえば、真っ白なシャツだとどんな小さなシミでも目立ってしまうのと一緒で、社会に潔癖主義的な空気が漂っていくと、「汚れ」と思えるものが少しでもあると気になってしまい、消したくなるという心理的状況がはたらきます。その「汚れ」が見えなければ見えないほど、人々は恐怖感にかられ、「汚れ」とされるものへの差別意識を強めていく。ナチ時代、ユダヤ人は見かけではアーリア人種と見分けることが難しかったし、そもそも「混血」も進んでいた。見えないものへの恐怖がドイツの人々の人種主義に根ざしていったと言えます。また、アーリア人至上主義という「人種的清潔さ」はもちろん、たとえば売春など「汚れた労働」は一掃すべきだというのがナチスの主張でした。

ナチス研究者のブロイエルはナチス・ドイツを「清潔な帝国」と呼んでいますが、ナチスにとって清潔への志向は政治的手段でした。清潔とそうでないもののあいだに線を引くことによって、ドイツを「清潔な帝国」「清潔な民族」として保つには、汚れを持つ人々を自分たちの民族共同体から排除しなくてはいけない。それが、ナチスが展開した非常に危険なレトリックだったのです。

福岡　ナウシカが「庭の主（あるじ）」に「世界を清浄と汚濁に分けてしまっては何も見えないのではないか」と、長い間抱いてきた疑問を投げかけるシーンがありますが（一二〇頁参照）、「分ける」というのは、まさにロゴスの作用なんです。本来は同じホモサピエンスであるはずの人間を、言葉によって分けているわけですからね。人間以外の他の生物の場合、種と、種を存続させるためのツールとしての個体、という二つのレイヤー、つまり種と個しか存在しないのに対し、人間が、種と個のあいだにさまざまなレイヤーをつくり出したことは、人間を縛ってしまっているのではないかと私は思います。

人間は、ロゴスの力によって文明や社会、経済などさまざまな制度をつくり出してきましたが、それらの制度は人間の自由を保障し、あるいは人間を幸福にするために使われる新しいテクノロジーとして、また、人間の可能性や人間のある種の能力を延長するものとして使われてきました。しかしその一方で、ホモサピエンスとしての種と、個々の人間とのあいだに、民族、コミュニティ、人種、そして国家といった、個が帰属するべきさまざまな層（レイヤー）もつくり出されていったと言えるでしょう。

藤原　危機の時代には、ロゴスによって「この集団は汚れている」という観念が固定され、差別が広がるというのは、世界史の中で繰り返されるパターンです。クレンジングは人類が取り憑かれる非常に大きな欲望であり、特に二〇世紀にはエスニック・クレンジング（民族浄化）という言葉に見られるように、「無駄」「邪魔」とされるものを一斉に消してしまおうという意図に基づいた虐殺が頻繁に起こったわけです。

ユダヤ人を「寄生虫」と呼び排除したナチスがユダヤ人虐殺に使ったのは、ツィクロンB（サイクロンB）という消毒薬で、これはもともと穀物倉庫などで殺虫剤として使われていた猛毒です。この消毒薬を製造したデゲッシュ社は、第一次世界大戦中に毒ガスを開発した科学者たちによって立ち上げられた企業で、彼らが販売する消毒薬には第一次世界大戦で使われた青酸ガスが転用されていました。ちなみに、デゲッシュ社が公共交通機関や学校の消毒殺菌事業を展開していった背景には、おそらく当時、スパニッシュ・インフルエンザが猛威を振るったことが関係していたと私は予想しています。

ナチスが消毒薬によって害虫のようにユダヤ人を殺していったことは、非常に象徴的です。このように相手を人間というカテゴリーから一段階落として攻撃していくという感性は、たとえ普段眠っていたとしても、何らかの危機的な状況に陥ったときに噴出しがちなのです。

たとえば、一四世紀にペストが流行したとき、ユダヤ人がこの病気を蔓延させたとしてスケープゴートにされ、ユダヤ人の処刑を希望する人が次々に現れたという史実があります。また、日本でも、関東大震災で朝鮮人が井戸に毒を投げ込んでいるというデマが広がり、人々が自警団のようなものをつくって、多くの朝鮮人たちを襲い、殺害したのはご承知の通りです。

現在進行形で起こっていることでは、アメリカにおける黒人への差別や暴力、日本でも起こっているヘイトスピーチ、そして、本来はホロコーストの惨事の意味を最も理解しているはずのイスラエルによるパレスチナでのアラブ人住居の強制撤去やガザ地区の封鎖など、とにかく「敵」を見出して排除しようという動きが目立ちます。今回のパンデミックでも、ロックダウン中の国々で外出している人を警官が追いやるような場面を見ると、まるで新聞でゴキブリを叩(たた)くように人間が人間を排除しているようだと感じずにはいられません。

いろいろな価値観が入り乱れていく中で、純粋を求める潔癖主義の価値観が大きな力を持っていくということ自体は理解できます。しかし、危機に際し、特に為政者の側から見た、生きるべき「清潔な」人とそうではない「汚れた」人という選別意識と、異分子の存在しない清浄な世界という概念に取り憑かれる恐ろしさを忘れてはいけません。あらゆるところで消毒が行われている今だからこそ、消毒文化あるいは潔癖主義が広まっていったときに何が起こるのかということを、私たちは改めて考えなおさなければいけないと思います。

潔癖主義は伝染する

藤原　自分たちが健康で清潔でありたいからと、「汚れた」人々を排除しようとする動きは、水俣病でもありましたし、最近では、福島第一原発事故の後、放射性物質を浴びた人は結婚できない、子どもがつくれないのではないかなどと言われて、差別されました。そうした強烈な排除の目線がつくられていくときには、同時に、国家は「私たちは健康で清潔である」という物語を展開していきます。この並行した物語に取り込まれることで差別や排除が起こっていく。

実はウイルスだけではなく、潔癖主義も伝染していきます。

実際、今多くの人がコロナの感染を恐れて潔癖主義に走っているわけですが、いわゆる自粛警察の振る舞いはもちろんのこと、感染拡大初期の頃には「我が県から感染者は一人も出してはいけない」というプレッシャーから、他県ナンバーの車を所有している地元住民が「自分は○○県に住んでいます」というステッカーをわざわざ貼ったりしたのもその表れと言えます。また、コロナ対策の最前線に立っている医療従事者に対して、「自分たちに伝染(うつ)すな」などと差別するということも起こっています。そうした言動の中に、自分たちは安全な場所にいて清潔でいたいという、非常に強い潔癖主義の思い込みが根ざしているのではないでしょうか。けれども、それでは本当の意味での社会を築くことはできないと私は思います。

福岡　ロゴスによる分断線は、ある意味、すべてフィクションですから、新型コロナウイルスのような本物のピュシスが到来すると、私たちのロゴスのあり方がさまざまなところで揺るがされ、いろいろなものがあぶり出されてきます。そうしたことに抵抗しようと、ますます分断線としてのロゴスが強調されていくわけです。

私自身、ロックダウン中のニューヨークにいる間、コロナ問題があぶり出したものを皮膚感覚で感じざるを得ませんでした。たとえば、ニューヨークの住宅地図を感染者率で示してみると、所得格差や住環境の違いで明らかに発症者や死亡者の率が変わっている。藤原さんがおっしゃるように、コロナ問題はこれまでの社会のひずみや矛盾を明らかにしたと思います。

「きれい過ぎる世界」への違和感

藤原　『ナウシカ』については赤坂憲雄さんの『ナウシカ考』など優れた評論も出ていますし、私などが『ナウシカ』を解釈するのは難しいところもあるのですが、コロナの世界において注目すべき一つの大きなキーワードは「きれい過ぎる世界」だと思っています。

私たちは、人間の不浄な部分に蓋をしがちで、ずっときれいなまま、若いままでいたい、常に成長していたい、といった欲望にずっと心を奪われてきたと思います。今回、新型コロナウイルスの感染拡大の中で私たちが見つけ出そうとしているのは、そんなきれい過ぎる人間観を見直すということではないでしょうか。不浄の世界で生きようとするナウシカの姿は、私たちは汚れを抱えていかないと生きていけない、というメッセージではないか

アニメージュ コミックス ワイド判『風の谷のナウシカ 7』（宮崎駿、徳間書店）より

と思います。そもそも人間というものは、あらゆる意味で清浄ではない、不潔な生きものなわけですから。

福岡　おっしゃるように、もともと、私たちは不潔な生物で、さまざまなものを出し、さまざまなものを受け取っているわけですから、「清潔・不潔」に分けることなどできないと言えます。

藤原　よくいろんなイベントでご一緒している、静岡に住む陶芸家の本原令子さんの言葉を借りれば、人間は食べたり飲んだりしたものを排出する、いわば上水道を口につなげ、下水道をお尻につなげているチューブのような存在です。だとすれば、人間の中には上水と下水、清浄なものと不浄なもの、その両方が一緒くたに共存していることになるのです。

私が今回改めて『ナウシカ』について考えたとき、最初に頭に浮かんだのは、食べものや農業にまつわる科学技術が今どういうふうに進んできているのか、ということでした。

純粋さや清潔さなど「きれいさ」を求める志向は、農業テクノロジーにおいても目立ち始めています。たとえば、清浄な野菜をつくる植物工場の研究は現在、とても盛んなのですが、ここで行われているのは、土を使わず、細菌を排除した必要栄養素を含む養液を作物に与え、太陽の代わりにＬＥＤの光を使って光合成をさせるという、あらゆるノイズをシャットアウトした清浄さを求める、まるで無菌室の実験のような農業です。自然環境の変化の影響を受けず、病気に感染することもなく、また害虫も入ってこないので農薬を使わなくてすむという意味では、確かにエコな農業と言えます。とはいえ、植物工場で使用される膨大な電力を考えると、それほど「エコ」ではありません。

また、現在アメリカなどで急速に進められている培養肉という食の技術は、家畜から採取した細胞を実験室で培養して肉らしきものをつくることを目指しています。これはまさに食べものという、人間以外の命を殺さないと得られないものを、屠畜のステップを外すことで清浄化していく技術です。他にも、香料をうまく使うことで、３Ｄプリンターでつくった寒天やゼリーを口に入れ、バーチャルリアリティーとしての食を楽しむという手法も開発されています。人間の味覚は嗅覚にかなり影響を受けますから、こうしたバーチャルリアリティーの食が実用化されれば、ダイエットをしたい人や食事療法中の人、あるいはアレルギーがある人などにとっては朗報になる可能性もあるでしょう。

あるいは、二〇二〇年五月に成立した「スーパーシティ法」（「国家戦略特別区域法の一部を改正する法律」）に見られるように、今、ＡＩなどのテクノロジーによって、あらゆるものを時差なくつなげていく「スマート化」がいろいろなところで進められつつあります。たとえば、農業でも、ロボットスーツを着て重い荷物を運べるようにしたり、ドローンで農薬を散布したり、無人トラクターで畑を耕したりするといった「スマート化」が盛んに言われています。こうした「スマート化」は農村の労働力不足などの課題を解決するための対応策として出てきたものではありますが、スマートなものを求めることによって生まれる危険性もあるということを忘れてはいけないでしょう。

こうした農業テクノロジーは、無駄なものやノイズを技術の力によってなくしていきたいという自然な願望の表れと言えます。今のような危機の時代にはなおさら、無駄なものやノイズを避けて完全調和の世界を目指したいという気持ちがどうしても高まります。しかし、無駄なものやノイズをすべてなくしてしまってよいのかということは、よく考えなければなりません。

無駄なものやノイズが存在し、そうしたものとの葛藤があるということは負の感情だと思われがちですが、実は心の動きの中でも、非常に大きな役割を果たしています。葛藤が

「庭」でくつろぐナウシカ。アニメージュ コミックス ワイド判『風の谷のナウシカ 7』（宮崎駿、徳間書店）より

あるからこそ、私たちはさまざまな人と出会い、言葉を交換し、多様な生き方があるということを互いに知ることができるわけですし、だからこそ、無駄なものやノイズがある人生や社会は豊かになるのだと思います。

「敵の声」をひたすら聞く

藤原　『ナウシカ』で描かれた「庭」は、すべてがうまくいくようにつくり上げられた、まさに完全調和の世界でした。

「庭」は、地球文明の崩壊によって絶滅し、失われたはずの動植物の原種や音楽、文学などが保管された、とても安らかで平和な場所です。凄惨な戦いに疲れ果てたナウシカは、自分がやりたいと思っていることがあらかじめ目の前に広がっている「庭」の心地よさに、思わずうっとりしてしまいます。読者である私も、繰り返される殺戮（さつりく）の場面で疲労困憊（こんぱい）なので、あの場面でほっと一息つきました。しかし次第にナウシカは、自分はこんなきれいな世界に住んでいくべきなのかと、うっとりしている自分に違和感を覚えていく。あの場面は非常に示唆に富むもので、完全に調和が取れた生命システムというものに対する強烈なアンチテーゼと言えるでしょう。

先ほどお話しした農業や食のテクノロジーが示しているように、私たちの社会は今、何かに取り憑かれたようにノイズを消していく方向へと向かっています。それは消すほうにとってみれば確かにとても心地よいものかもしれませんが、反面、手を汚さない、冷たい暴力を伴うものでもあるわけです。

葛藤というものがまったくない、「庭」のような完璧に調和したきれい過ぎる世界は、皆が同じような生き方をするディストピアだと私は思います。そして、生命空間にある偶然性がたとえ人間に対して危害を加えるとしても、そうした偶然性とともに私たちは生きていくしかない、だから偶然性を消していく「墓所」はやはり破壊しないといけない、というのがナウシカの選択だったのだと思います。

伊藤　ノイズとされているものとともにあるということで言うと、ナウシカは皆が敵だと思っている存在に対しても人格を与える、つまり尊重しているんですよね。腐海の猛毒を撒き散らす存在として恐れられている蟲やまがまがしい巨神兵に対しても、ナウシカだけは「私の子」「この子」と呼んでいる。彼らには彼らの言い分や道理があり、それによって動いているということを彼女はよく分かっていて、彼らの声をひたすら聞き、「この子は、こう言っているの」と人々に伝えようとします。彼女は、思い通りにならないものこそ制御するのではなく話を聞かなければならないということを実践していて、本当にすごいと思いますね。

実は、幻聴や幻覚を持ちながら生活している方たちも、ナウシカと同じなんです。北海道にある「べてるの家」という施設で、障害や病気を抱える本人が、自分が困っていることや苦労との関わり方を仲間とともに探る、当事者研究という手法が長年行われています。たとえば幻聴であれば、自分の思い通りにならない声がいろいろ聞こえてきて、「こういうことをしろ」「あっちに行け」などと自分に命令を出したり、怖がらせたりするのですが、「べてるの家」にいる当事者の方はそんなやっかいな幻聴を「幻聴さん」と、さん付けで呼ぶんです。ナウシカが蟲のことを「この子」と呼んで、彼らの話に耳を傾けるのと同じで、「今日は、幻聴さんはあんまり元気がないから、そっとしておこう」など、「幻聴さん」がどうしたがっているのか、本当によく聞いています。

幻聴を自分の症状としてではなく、「幻聴さん」という一つの存在と捉え、それとどう付き合うかと問題の定義を変えることによって、制御しきれない相手との対話が可能になるというのは、すごくおもしろいと思います。これは幻聴に限らないことで、障害を持っている方は、自分の障害や困っていることを尊重しているんです。たとえば、幻肢という、病気や事故などで手足を切断した方が、もうないはずの手足を存在するように感じる現象があるのですが、そこでは幻肢痛という、かなり強い痛みも感じられます。幻肢を持つ方にとって、幻肢痛とどう付き合うかは毎日の生活を送る上での課題なのですが、その方たちもやはり幻肢の「声」をとてもよく聞いているんです。「今日は、幻肢が腫れたがっている日だ」などという言い方で、「手が腫れる」ではなく、「幻肢が腫れたがっている」と表現する。それはつまり、幻肢との距離が取れているということだと思います。

もちろん、そうなるまでには時間もかかったでしょうし、工夫も必要だったはずですが、障害を持つ方たちはそういうやり方で思い通りにいかないものを大事にし、尊重することで、障害とされていることの「声」が聞こえてくる、そして聞こえてくることによって対話が可能になるという関係を築いています。だから、障害を持っている方たちが対話していると、ママ友同士が「うちの子がね」「こういうことがあって」と会話するようなやりとりになるんです。ナウシカもみんなの「お母さん」のような存在なわけですけれども、そういうところが、とても似ていると感じます。

『ナウシカ』が発するメッセージ

藤原　「幻聴さん」というのは興味深いですね。自分さえ制御できない「自分」を、別人格として切り離し、耳を澄ます、というのは、逆に言えば、自分の中にある自分に対する違和感と向き合う、ということで、もう少し広げて言えば、自分の中に存在している世界の不調和を、それ自体として受け止める、ということですよね。

私は、ナウシカが「庭」で覚えた違和感に正直であったように、私たちは思考停止してはいけないし、自分が抱いた違和感を形にすることが必要だと思います。それにより、葛藤や人とのすれ違い、張り詰めた対立がもたらされるかもしれません。しかし、緊張は緊張、対立は対立としてしっかりと受け止める。そのことに、現在の状況を考える手がかりを得ることはないでしょうか。

たとえばブラック・ライヴズ・マターのデモが世界中で起こっていたとき、イギリスでは、奴隷商人として財をなした人物の銅像がデモ隊によって引き倒されるという事件がありました。「そういう危険なことをやるなんて信じられない」という意見もあれば、「あの銅像を毎日見ていた自分たちからすれば、やはり倒さなければならなかった」という黒人の声も上がっていて、ここでもやはり対立と緊張が見られるわけです。

そうしたときに「分断を修復する」というのはちょっときれい過ぎるモデルではないかと私は思います。むしろ、普段なかなか気づかれることのない、差別という構造的暴力や奴隷商人の銅像があることへの心理的プレッシャーを抗議という形で可視化する。そうすると、歴史の中で埋もれていった無数の奴隷たちの声が呼び覚まされ、現在の「コロナに打ち勝つ」という物語に回収されないまま、対峙する。分断をきちんと分断として見つめることが、制度によって抑圧された人々の声、それはつまり自分の中の自分への違和感という声でもあるのですが、それを響かせる舞台になると思います。

歴史的に見ても、抗議が歴史を動かしてきた大きな原動力であることは否定できません。アメリカ独立革命もフランス革命もヨーロッパで連鎖的に勃発した一八四八年革命もロシア革命もそうです。身近な事例では、日本の給食もそうで、親や調理師や栄養士や先生が、子どもたちの給食があまりにも工業化されていることに憤慨して、周囲の人々から冷たい目で見られる中、調査し、デモを起こし、陳情を繰り返した結果、センター化を阻止して自校方式に戻したり、味が改善されたりしました。

そもそも、不潔なものと清浄なものが共存するこの世界は、調和という言葉で回収されていくようなものではないはずです。そのシステムから外れてノイズを出すようなもの、いわば偶然性や遊びのようなものを排除するのではなく、むしろ、決して交われないものと棲み分けながら、どう付き合っていくかということが試されているのではないでしょうか。

「庭」を出たナウシカは、「いつかまた世界はきれいになる」「私達が亡びなければいつか明るい世界が両手を広げて迎えてくれるでしょう」という嘘（うそ）で人々に希望を抱かせ、再建された世界では人間は滅びる運命にあるという真実を隠します。自分たちが生きられない世界であっても、それでも生き続けていくというナウシカの決意には、ウイルスによって次々に対立が生み出された世界を生きていかざるを得ない今、私たちが社会の中にある膨大なノイズの声を聴き、それを伊藤さんがおっしゃった「幻聴さん」のようにみんなで尊重する世界を考える手がかりがあるように感じます。

福岡　なぜナウシカは「墓所」を破壊したのかという問いに戻るならば、私は、権力や武力というパワーを求めないことが真のパワーだということをナウシカが発見したのではないかと考えています。

「墓所」の破壊シーン。アニメージュ コミックス ワイド判『風の谷のナウシカ 7』（宮崎駿、徳間書店）より

ロゴスの本質は論理であり、現代社会はロゴスによってコントローラブルで予測可能な完全制御された文明を目指していると言えます。しかし、そうしたロゴスの神殿は、本来のピュシスとしての我々の生命のあり方とは違います。ナウシカが「墓所」を破壊したのは、ロゴスを究極に追い求めることを再びやりなおすべきではない、という宮崎さんのメッセージなのではないでしょうか。

宮沢賢治の『春と修羅』はピュシス的なあり方を詩的にうたっていますけれども、そのピュシスに完全に身を任すと、残酷な生の掟しかないということになるし、逆に、そこから逃れて、ロゴス的に完全に制御された社会を求めれば、それは「火の7日間」で焼き尽くされたような完備された社会、そして、神殿の中に準備されていたアルゴリズムの未来になってしまいます。『春と修羅』、そしてナウシカの物語を読みなおして思うのは、私たちが今後目指すべき方向は、ピュシスとロゴスのどちらにも完全には帰依しないように、迷いつつもバランスを取りながら、この相克を進んでいくしかないということです。

第五章　共生はいかに可能か？

ナチスの「共生」の裏にあったもの

福岡　『ナウシカ』の物語について語り合う中で、ノイズ、あるいは自分の思い通りにならないものとの「共生」が大事だという話が出てきました。ある意味、ウイルスも私たちと共生しているわけですし、ポストコロナの時代を生きるにあたっては、自然環境との「共生」はますます重要になってくると思います。私たちは完全にロゴス化された社会で生きることはできないし、完全なピュシスの波にのまれることもできない。つまり、なんとかその両者とうまく動的平衡を保ちながら生きていくしかない、これが本当の意味の自然や環境との共存ということなのだと思います。

ただ、「共生」はそれほど生易しい概念ではありません。「共生する」と言うのは簡単ですが、それは理想的に語られるものであって、実際に行うは難し、でしょう。「共生」という言葉は矛盾に満ちていて、表もあれば裏もある、光も影もある、生も死もあるものです。私たちはそんなあやふやなもののあいだでしか生きられないというのが、ある種の真実だと言えるでしょう。

たとえば、藤原さんのご専門である農業史、あるいは食の歴史から見て、「共生」とはどのようなことだとお考えでしょうか。

藤原　農業史や農学の中では、「共生」という言葉は古くから使われてきたもので、たとえば一九一九年にリヒャルト・クリツィモフスキーというドイツの農学者が『農学の哲学』（邦題『農学原論』橋本伝左衛門訳、西ケ原刊行会）という本で共生について語っています。

クリツィモフスキーは、農業において経済的に利益を得ることは重要な目的だとしつつ、その一方で農業は家畜や植物と共生していくための重要な産業であり、農業が単に人間の自己中心的な利益獲得のための道具になり、土壌や植物、動物たちに大きな暴力を振るうようなものになってはならない、と訴えました。彼の主張は今の有機農業の理念にもつながるもので、実際、一九二五年頃から徐々に広まっていった有機農業によって実現されていったとも言えます。

とはいえ、現実としてはむしろ工業的な農業が進められる非常に強い力がはたらいたというのが近代という時代でした。

福岡　その時代に、ナチスはまさに自然環境との共生を謳(うた)っていたわけですけれども、それは決して美しいだけのものではありませんでした。藤原さんに、このあたりの切り分けについてもぜひうかがいたいと思います。

藤原　「自然との共生」は「血と土」と同様に、ナチス体制の重要なキーワードです。「清潔な帝国」ナチスが「汚れ」とされた人々を排除していったのと同じく、ナチスが言う「共生」の裏にも必ず「排除」という言葉が存在していました。本当の「共生」とは何かということを考えるのであれば、ナチスが掲げた「共生」とは何だったのか、その反省から始めなければいけないということになるでしょう。

ナチスの「自然との共生」においては、人間と自然の豊かな関係を国家として築いていくことが目指されたわけですが、それはすなわち、人間は人種という自然の摂理に従うべきだという原理と矛盾なくつながるものでもありました。ナチス体制下で農学者の翼賛団体を率いたコンラート・マイヤーが掲げた、「土壌―植物―動物―人間の生物学的共生」というスローガンは、そのパラドックスを体現したものと言えるでしょう。

彼については拙著『ナチス・ドイツの有機農業』（柏書房）でもふれていますが、もともと、育種学者として品種改良の研究者だったマイヤーは、やがて農村空間の改造や農業機械の効率的導入など農村計画に関わるようになりました。彼が提唱する「生命法則農法」では化学肥料を与え過ぎず、むしろ有機肥料を使ったサステイナブルな農業をすることがよしとされたのですが、こうした彼の主張自体は正しく、現代人も共感できるメッセージかもしれません。しかし、マイヤーが立案したナチスの第三次「東部総合計画」などを注意深く見ていくと、そこには落とし穴があるということが分かります。

第三次「東部総合計画」は、「生命法則農法」を推進するモデル事業と位置づけられていました。占領したポーランドの「ゲルマン化」を図るという目的の下、現地住民が所有していた農地にヨーロッパ各地に住んでいた在外ドイツ人を移住させる一方、三一〇〇万人もの非ドイツ民族（ポーランド人、バルト海沿岸の住民、ソ連西部の住民）をシベリアに強制移住させ、そのうちドイツ人移民の労働奴隷に適さないとされた一七〇〇万人を虐殺する。これが、第三次「東部総合計画」で策定されたプランです。ここで前提とされていたのは、自然を愛し、生命と共生しながら農業を営む能力はドイツ人だけが持っている、という考えでした。つまり、マイヤーの頭の中には、「土壌―植物―動物―人間の生物学的共生」を謳う一方で、ドイツ人と境界線が引かれた人々とは共生できないという人種主義が併存していたということになります。そして、境界線の外にいるとされた人々は容赦なく排除されていったのです。

科学を社会に当てはめる危うさ

藤原　「ナチスの世界観の核は生物学である」というナチスの言説に対し、当時の多くのドイツ人科学者たちが同調しました。ナチスは、人種主義による排除にとどまらず、劣等な遺伝子が子孫に受け継がれないようにするという論理で、障害者に対して安楽死や断種を行いましたが、その「科学」的な裏付けとなったのは優生学です。一九九六年まで効力があった日本の優生保護法しかり、また、ＤＮＡの二重らせん構造を解明したジェームス・ワトソンも「白人と黒人の知能検査では、遺伝子に起因する知性の差が出る」「胎児に同性愛者の遺伝子が見つかったら堕胎を認めるべき」など、ナチスとほとんど変わらないレベルの発言をしています。

福岡さんは、おそらくそういうものに抗おうとして、ずっとものを書いてこられたのではないかと思います。このような、科学を社会の制度や文化のあり方に当てはめることについて、福岡さんはどうお考えでしょうか。

福岡　そこは非常に重要なポイントだと思います。人間の社会のあり方を、安易に生物学で解釈したり、合理化しようとするのは危険です。たとえば、以前、進化論を使って憲法改正を説明する漫画が物議を醸したことがありました。自民党の広報サイトに、ダーウィンを想起させるような「もやウィン」というキャラクターが登場し、「わたしはもやウィン　ダーウィンの進化論ではこういわれておる」「最も強い者が生き残るのではなく　最も賢い者が生き延びるのでもない」「唯一生き残ることが出来るのは、変化できる者である」「これからの日本をより発展させるために　いま憲法改正が必要と考える」などと言い出したのです。

これに対してネットなどで、ダーウィンはそんなこと言っていない、進化論の誤用だ、との批判が専門家を含めて、相次ぎました。確かに、この言い回しは進化論の俗流解釈の一つで、ダーウィンの原著『種の起源』そのものの引用ではありません。でも、強いことや賢いことではなく、変わり得ることが進化の原動力になっている、というダーウィン進化論の主旨については、その通りなのです。

だから、「ダーウィンはそんなこと言っていない」というだけでは反論として弱いわけです。なぜ、人間社会のあり方に、生物学をはじめとした科学の考え方を当てはめると危険なのか、もっと的確に考えておく必要があります。

人間は、「産めよ、増やせよ」という遺伝子の強力な束縛に気がつき、そこから自由になることを選び取りました。種の存続よりも、個の生命を尊重することに価値を見出した。これが基本的人権の起源です。個は、種のためにあるのではない。種の保存のために貢献しなくてもいい。産んだり増やしたりしなくても罪も罰もない。個の自由でいい。そう気づき、個を基本とすることを約束したわけです。

なぜ人間だけがこんな境地に達することができたのか。それはとりもなおさず人間が、言葉というロゴスをつくり出したからです。制度や論理や社会規範もすべてロゴスと言っていいでしょう。

ロゴスによって、生命が本来的に持っている不確かさや気まぐれさ、あるいは残酷さや冷酷さに対抗する力を持つことができた。言葉の作用によって、遺伝子の命令から脱し、個体の自由を獲得したわけです。これが、人間を人間たらしめる基盤だと思います。こうして長い年月をかけて築かれた土台を崩すことは、これまでの流れに逆行すること――つまり、個の自由を手放すことに他なりません。

元来、生物としてのヒトはピュシスそのものでした。それが次第にロゴス的側面を獲得していったということです。ピュシスとロゴス、その両方を併せ持つのが人間です。ピュシスとしての人間はいくらでも変わり続けていいし、絶えず動的なものでいいのです。身も心も不安定なものであり続けます。しかし、人間を人間たらしめる約束の言葉は、そう簡単に変えてはいけない。もし、その約束を反故（ほご）にしてしまったら、せっかくロゴスの力によって獲得した自由を失うことになります。ですから、社会のあり方に、科学の考え方を安易に適用することには、注意が必要です。

議論をまとめますと、生命のあり方の本質、つまりピュシスとしての生命を、ロゴスによって相対化したことが人間を人間たらしめているというのがまずは大前提としてあります。そこから見ると、生命のあり方や進化の様相を、社会規範や制度に直接当てはめるのは大変危険であり、さまざまな誤解を生むことになります。種の保存が唯一無二の目的であるという遺伝子の掟に人間は背き、そこから個体の生命の尊厳や自由、あるいは基本的人権が出発しているということを忘れてはいけません。

また、黒人と白人の差、あるいはある種の性的傾向がＤＮＡに依存し、そうした遺伝子は排除すべきだというのは、ＤＮＡがすべてを決定しているという、生命を情報化し過ぎた遺伝子決定論が根底にあり、これは本質的に間違っています。なぜなら、これまでのあらゆる生物学のデータは、人種や性的傾向、知能の差を遺伝子レベルで説明することはできないと示しているからです。

確かに、現在の生物学では、生命をＤＮＡという設計図からつくられたたんぱく質の「部品」が寄り集まった「精密機械」のように捉える「機械論的な生命観」が主流です。しかし、機械論的な見方に寄り過ぎて、自然や生命をデータ化し過ぎると、ピュシスとしての生命の本質を見失う恐れがあると私は考えています。

そう言えば、伊藤さんは最初、ＤＮＡ解析を主な研究手法とする分子生物学を勉強するつもりだったと聞いています。私も半ば文転したようなものなので興味があるのですが、伊藤さんは理科系あるいは分子生物学的なアプローチに限界や違和感を覚えられて文系に移られたのでしょうか？

伊藤　私は子どもの頃から生きものが好きで、もともとは生物学者になることを目指していたんです。実は、ワトソンが来日したときには、サインをもらおうと講演会に行ったこともあります。ところが大学に入ってみると、ＤＮＡを解析すればすべてが分かるという雰囲気があって、「それって、本当かな」と思ってしまったんですね。ひたすら細分化して、0と1のデータに還元されるようなものに生きものを感じられなかったというのが、文転した大きな理由の一つです。

私が知りたかったのは、「生命とは何か」ということだったんですけれども、当時の私には情報化が進んだ生物学では、たとえば昆虫が昆虫として生きていくことと人間が人間として生きていくことは何がどう違うのか、昆虫には世界がどういうふうに見えているのか、といったことを学ぶことはできないように思えました。私が今、体を研究するのは、生物学を学ぶことでは果たせなかった「生命とは何か」という問いへの答えを美学を通して探求し続けているとも言えます。

福岡　そのご発言は我が意を得たりというところですね。私は、少年時代、昆虫に夢中でした。この前まで、葉っぱをむしゃむしゃ食べていた芋虫が、急に動かなくなって蛹となり、その中で芋虫は一度どろどろに溶けてしまうのに、やがて、美しい蝶になって、蛹から飛び出してくる。その様子を何度も何度も飽きもせず観察しました。そして、その変化の劇的さに驚いて、生命とはいったい何なのだろう、と感じたことが、生物学者を目指した原点となっています。そして「生命とは何か」という問いは、今もなお十分に解かれないまま、私の原点であり続けています。それは、これだけ分子生物学が進展しているにもかかわらず、蛹の中で起きていることはまだ最先端の科学によっても全然説明できていない、ということでもあるのですが、それよりもなによりも、なぜ、蝶はあんなにも劇的な変化を必要とし、なぜあれほどまでに可憐で優美な姿をしているのか、という問いに答えられないということでもあるのです。この問いにきちんと答えるためには、生物を細かく部品に分解しているだけではダメだなあ、というある種の限界というか、諦念にぶつかって、私もおくればせながら「文転」したわけです。世界は分けても分からない。もっと統合的に生命を考えなければならない、という決意から、動的平衡論のような哲学的、理論的な方法で「生命とは何か」を考えようと思ったわけです。もちろんこれは、細胞や遺伝子の研究をあるところまで必死に突き詰めたからこそ転換できたことだとも言えます。行き着くところまで行かないと見えない景色というものがあると思います。

そんなふうに考えてみると、科学も、哲学も、文学も、芸術も、音楽も、あるいは信仰や宗教も含めて、人間の文化が始まって以来、行ってきたあらゆる探求は、まず最初に生命の精妙さや不思議さに対する驚きがあり、そこから出発して「生命とは何か」「生きているとはどういうことなのか」という問いに答えを探そうとする営みだ、と言えると思います。ありとあらゆる学問、ありとあらゆる人間の活動の問いの行き着く先に「生命とは何か」という問いが待ち受けている。そして、それぞれの学問、それぞれの活動は、違う言葉や方法論を使って、この同じ、大きな問いに挑戦しているのだと思っています。私が拠って立つ科学というものは、言葉の解像度をできるだけ高めて、この問いに答えようとする方法論だと思います。言葉の厳密さや論理を心がける点では、哲学も同じかもしれません。

現代社会では、専門の分野があまりにも細分化されてしまったので、そして、それゆえそれぞれの探求者があまりにも視野狭窄に陥ってしまって、この共通の大目標をしばしば見失ってしまっているきらいがあります。たとえば一七世紀くらいのことを考えると、科学と哲学、科学と芸術はもっと親しい場所にいて、この問題を解こうとしていたと思えます。ライプニッツは、極大のものと極小のものを同時に考えるような哲学者であると同時に、絶えず移ろいゆく世界を捉えるため微分積分を編み出した数学者であったわけですし、スピノザはレンズを磨きつつ、思索を深めていたわけです。あるいは、自作の顕微鏡で微生物を発見したレーウェンフックは、光を捉えようとしていた画家・フェルメールの話し相手だったと私は思っています。みんなひとしく「生命とは何か」という問いを心の中心に持っていたと思います。

そして、この問いは、時代が変わり、パラダイムが変わり、あるいは、さまざまな天変地異や自然災害を経験するたびに、問いなおされ、新しい言葉で、答えなおされることを要請されていると思います。つまり生命観、生命哲学は、絶えず揺るがされ、常に更新されるべき普遍的な文化的課題なのだと思います。コロナ禍が問いかけていることもそのように捉えなおす必要があると思います。

これは「戦争」なのか?

伊藤　福岡さんは、コロナのパンデミックが始まった非常に早い段階で、生命や生態系の視点から新型コロナウイルスについて論じた文章を新聞に寄稿されていましたよね。世界中がウイルスを「敵」と捉え、「ウイルスとの戦争」というキーワードが飛び交っていた中で、専門家の立場から「ウイルスは根絶したり撲滅したりすることはできない」と的確に語られていて、「なんて勇気があるんだろう、自分も研究者としてかくありたい」と、とても感動しました。

藤原　まったく同感です。福岡さんがおっしゃるように、新型コロナウイルスの問題は勝ち負け、まして戦争などではありません。たとえ、ワクチンや治療薬が開発され、感染状況が収まっていったとしても、経済格差やコロナ禍による失業などによって生じた苦しみが続く以上、「危機が終わった」と宣言することはできないでしょう。

にもかかわらず、新型コロナウイルスの感染が拡大する中で「戦争」や「勝つ・負ける」という言葉が為政者たちのあいだで使われたのは、非常に象徴的だったと思います。

福岡　日本も含め、為政者たちは、よく「ウイルスに打ち勝つ」などと言いますね。

藤原　安倍首相（当時）も「今回の新型コロナウイルスに対する闘いは、政府の力だけでは勝利できない」などと述べていましたけれども、とりわけトランプ大統領（当時）の発言からは、「敵」である新型コロナウイルスを打ち負かすという、ある種マッチョな考え方が感じられました。おそらく彼らのような人々には「自分は英雄でありたい」という想いがあるのでしょう。

「戦争」のメタファーは非常に強力で、「勝ち」というものに対して少しでも足を引っ張るような人たちを排除するということが起こります。それと同時に、勝つためならある程度人権を制限したり、いろいろな犠牲が払われたりすることは仕方ない、という空気も広がっていきます。

たとえば、アジア太平洋戦争末期の日本では、少しでも日本について批判する作家や学者が排斥されたり、書いた文章の中で「秩序を乱す」などと検閲で指摘された箇所が「××××」と伏せ字にされたりしました。また、集会など人々が集まって話し合ったり意見を交換したりする場がことごとくなくなるなど、表現の自由が制限されていったというのは、非常に大きなことだったと思います。「非国民」という言葉が一般的となり、日本に批判的な発言をすることで牢獄に送られた人々も大勢いたわけですけれども、そうした偏った言論空間では、逆に危機に対応することができなくなってしまうということは、歴史が証明しています。

福岡　コロナ・パンデミックでも、「生命を守る」という錦の御旗の下に、ニューヨークをはじめ、多くの場所で移動や集会の自粛が求められ、休校によって子どもたちが教育を受ける権利が制限されました。

私が今非常に危惧しているのは、新型コロナウイルスというピュシスの動きを封じるために、ＡＩによる監視やデータサイエンスによって、私たちの行動履歴を可視化し、接触点をデータ化して感染爆発を抑えようという動きが進められていくことです。そうやってロゴスを強化するということは同時に、移動の自由や接触の自由、すなわち自由な生命体としての私たちのピュシスを奪うものでもあると思います。

ウイルスは人間や他の生物とともに長い時間をかけて進化してきた、ある種の生態系のパートナーです。時には害を成すこともありますが、多くの益も成しているのですから、あるウイルスをアルゴリズムやデータサイエンスといったロゴスの力によって完全に制圧したり、撲滅したり、消去したりすることは不可能です。たとえ新型コロナウイルスがなくなったとしても、新しいウイルスはこれからも次々と出現してくるでしょう。そう考えれば、ウイルスに対して無益な闘いを挑むべきではない、ということが言えると思います。

ワクチンや特効薬ができても、まるで霧が晴れるようにすべてのことが解決し、祝祭的な日が来るというようなことは、やはり幻想だと思います。私たちが取れる選択肢はただ一つ、ウイルスとともに生きるということだけなのです。

ロゴス的に行き過ぎた制圧のやり方は必ず破綻し、逆にピュシスがあぶり出されてくるということを覚えておかなければいけません。

藤原　新型コロナウイルスへの恐怖を理由に、テクノロジーで危機を乗り越えていこうという動きが強まっていった結果、監視システムを発展させて一人ひとりの生物学的情報を分析し、つなげていくというジョージ・オーウェル的社会がもたらされる可能性を見過ごしてはいけないと思います。

戦時中、「欲しがりません勝つまでは」というスローガンがありましたが、コロナ禍においても、人々の生活や感情を事細かに管理していくような権力のあり方が出てきたと思います。そうやって為政者が人々の一挙手一投足を監視していく恐怖に加えて、それにある種便乗する形で、いわゆる自粛警察的に、人々のあいだに監視装置が充実していくということも危惧しています。ナチスの民間監視人も普段はごく普通の生活を送っていた人たちで、彼らが警察に報告した資料を見ると、当時、どういう不満がナチスに向けられていたか、知ることができます。ナチスにとって、いつどこで監視されているか分からないという恐怖は、不満の爆発を未然に防ぐのに非常に都合がよかったわけです。

こうした監視社会の最終形態は、自分の頭の中に監視装置ができ上がることでしょう。管理者側のつくったロゴスの牢獄に自ら唯々諾々と入る、という感じでしょうか。たとえば、マスクをする必要がない状況であっても人から怒られないためにマスクをつけるというのは、今回、多くの人が取った行動だったと思います。私自身も含めての話になりますが、ものを書くときにも、「これは書き過ぎかな」と自己検閲するようなことがないかどうか、今一度考えるべきかもしれません。

「利他」を研究する理由

伊藤　福岡さんは「ウイルスは利他的な存在である」ともおっしゃっていますね。

私は現在、勤務先の東京工業大学の「未来の人類研究センター」のセンター長として、「利他学」というこれまで存在しなかった学問を立ち上げ、理工系の研究者とも協力しながら研究を進めています。今、学問の世界は非常に複雑化していて、工学という分野も、基本的には人のためにというベースはありつつ、「なんのために、誰のためにやっているのか、そもそも人のためになっているのか」というところが見えにくくなってきているんですね。そういうことも背景にあって、「利他」について考えようということになったわけです。ですから、福岡さんが「利他」という言葉を使ってウイルスを説明されたことにも非常に感銘を受けました。

福岡　ありがとうございます。利己的遺伝子論的には生命は自己複製を唯一無二の目的とするシステムということになりますが、そもそもウイルスに限らず生命というものは本質的には利他的であり、利他的な行為によって生態系が成り立っていると私は考えています。つまり、生命を特徴づけるのは「利己的な遺伝子」ではなく「利他的な個体」なのです。生命の相互作用を利他的な観点から見ると、生態系を有機的、立体的に見ることができると思います。

ちなみに、「利他学」を研究している伊藤さんにとって、「利他」とはどのようなものなのでしょうか。

伊藤　実は、私自身は「利他」という言葉に対して、「大事だということは分かるけれど、何かしっくりこない」と抵抗感を持っていました。利他は本当にいいものなのかという疑いが私の中にはあって、だからこそ研究したいと思ったんです。

社会の中には、誰のためにやっているのか、そもそもその人のためになっているのかなど、実態がよく分からないのに、特に理由もなくいいとされているものがありますよね。たとえば今、「ダイバーシティ」と盛んに言われていますが、実は「ダイバーシティ」には障害者を障害者という位置に固定する役割を担ってしまっている面もあるんです。そうした一般的によいとされているものの本質は何だろうと考えることは大事な作業ですし、そういう意味でも利他について考えたいと思いました。

なぜ利他という言葉に違和感を持ったのかということを考えるとき、いつも頭に浮かぶのは、私の知り合いの全盲の女性から聞いた話です。彼女は高校生のときに急激に視力が落ちて一九歳で全盲になり、私がお話を聞いたときは見えなくなってから一〇年以上経っていました。

その方が、「目が見えなくなってから、毎日が、はとバスツアーになっちゃった」とおっしゃったんです。はとバスツアーは観光バスに乗って、ガイドさんがいろいろ説明してくれるのを聞きながらあちこち回るので、参加する側は楽ですし、便利で効率的な観光ができます。でも、はとバスツアーが楽しいのは観光だからであって、もしあれが日常になってしまったら、と考えたとき、見えないことで時間はかかるけれども、やはり自分自身で周りの世界を感じたいということになると思います。周囲にいる介助者が「ここ、コンビニです」「段差がありますから、気をつけてください」と先回りするのは、有り難いことではあるけれど、なんだか窮屈ですよね。

その知人は「自分はいつも情報を受け取る側、サポートをしてもらう側という役割に固定されてしまい、障害者を演じさせられてしまう感じがとても辛かった」と、おっしゃっていたのですが、この話を聞いたとき、困っている人を助けるのはとてもいいことで、典型的な利他の行動だと思っていたけれども、案外、本人のためになっていないということを知って、ショックでした。

目が見えない人を助けようとして、「助けるから、あなたは見えない人の役をやってね」

という感じになってしまうというのは、相手を自分の中の正義を実現するための道具であるかのようにコントロールすることだと言えます。そもそも、自分の行為の結果をコントロールすることも、自分ではない別の人をコントロールすることもできないということを前提にしなければ、よいことをしているつもりでも、実際には押し付けたり強制したりする方向に向かってしまうのだと思います。それを利他と呼ぶことはできないでしょう。

コントロールしない、ということは、利他において最も大事なポイントです。利他というと、何かをしてあげることだと思いがちですが、むしろ、受け取る人がいて初めて利他が成立するんですよね。利他というのは、常に事後的なものだと思います。私がふいに行ったことが、その後誰かに受け取られることによって、利他になる。私がその誰かのおかげで「利他的な人」になるのだとしたら、どっちがどっちに対して与えているのかよく分からなくなりますよね。この "give is take." が利他のおもしろさだと思います。

共感は万能ではない

伊藤　もう一つ、障害を持っていて人に助けてもらうときに共感が必要だったら苦しいですよね。共感されるためにいつも人に好かれるように振る舞わないといけないというのは地獄だと思いますし、それではあまりにも不自由です。ですから、共感とは関係なく人を助けるということが大事なのだと思います。

コミュニケーションにおいて共感はもちろん大事なことですが、たとえば、自分の体の痛みは、絶対他の人には分かりません。ですから、突き詰めていくと、結局、共感はできないのだ、ということになるのだと思います。

共感は万能ではないし、逆に人を苦しめるところもあると思っています。自分の痛さを癒やそうとして人に共感を求めていくと、「どうせ分かってもらえない」「どうして自分だけが」となって、もっと痛くなってしまうということにもなるからです。

私がインタビューをした方で、難病で体が二四時間痛いという方がいました。彼は病を得た最初の頃は共感を求めたけれども究極のところでは得られなくて、「どうして自分の家族なのに、この痛さが分からないんだ」という気持ちでいっぱいだったそうです。でも、あるときから、自分も痛いけれども、自分の家族も、自分が病気であることによって大きな影響を被っていることに思い至って、たとえば子どもたちは父親が病気であることで甘えられない辛さを抱えているなど、家族にもそれぞれの痛みがあると思えるようになったそうです。それから、ふっと痛みの感じ方が変わったと言います。体の状態が大きく変わったわけではないけれども、それに対する捉え方が変わったことで、コントロールできないなりに、痛みに対して距離が取れたというか、痛みがそこにいていいものになった、とおっしゃっていました。

つまり、共感を求めるといっても、自分と同じものを求めるのではなく、自分とは別のタイプの痛みを家族も分かち合っていると思えたことで、彼は変わることができたわけです。

藤原　共感不可能性から利他を考えるというのは、なるほど、示唆的ですね。私が、伊藤さんの今のお話から考えたのは、「共感せよ」というファシズムです。人々が援助の「スペース」を自発的につくるのを待っていたら、オリンピックや戦争などの大規模国家イベントは開催できません。「第三帝国」を盛り上げるために、ナチスは、人々の持つ人間的な「優しさ」も動員しました。ナチスは、貧しいドイツ人が寒い冬でも暮らせるようにスープや毛布を配る「冬季救済事業」を繰り広げますが、学生にこの話をすると「ナチスもいいことをするのですね」という反応が返ってきます。でも、「かわいそう」という共感が流れる道は、あらかじめナチスによって舗装されていて、あの時代に迫害された身体障害者や精神障害者、性的マイノリティーや他人種には向かないように設計されていました。

伊藤さんの調査と研究は、まさにこのような、日本の道徳の教科書に見られるような、安易な「共感」の同期こそが、障害に苦しんでいる人の苦しみを増してしまうことを示しているのだと思います。

インセンティブがはたらかないとき

福岡　コロナを経験した今、利他の重要性は非常に高まっていると思います。にもかかわらず、それでもなお利他的であることは難しく、それはすなわち社会に余裕がなくなっているということでもあるでしょう。そのような中で利他が生じる契機があるとすれば、それはどのようなものだと伊藤さんは思いますか？

伊藤　たとえば、「利他心」を導き出す仕組みとして、ポイントを付けたり点数をプラスしたりするといったインセンティブを付けるというものもあります。よくあるのは、子どもにお手伝いをさせるとき、「お風呂掃除をしたら五〇円」「食器を片付けたら三〇円」などと細かくインセンティブを付けるというものです。けれども、このやり方では、子どもはお手伝いが身につきません。私自身、自分の子どもにインセンティブ制でお手伝いをさせようとしましたが、最初のうちはお金欲しさに頑張ってやったものの、お金が必要でなくなったら、すっかり手伝わなくなってしまいました。

結局、インセンティブ的考え方というのはつまり利他のコントロールであって、やれば自分が得をするという意味からすればそれは本当の利他ではありません。また、そもそも、お小遣い欲しさに自分がやったことが数字に変換されていく感じが本質的におもしろくないということは、インセンティブ制のお手伝いが続かない最大の理由だと思います。

では、本当の利他、しかもサステイナブルな利他とはどういうものかというと、本人の中から自発的に出てくるもので、やってみたいと思ったことであれば、得になるかどうかなど関係なく、言われなくてもどんどんやっていくんですね。我が家の話になりますが、新型コロナウイルスによる休校期間中、子どもが自分から夕飯をつくったり、部屋の片付けをしたりするようになり、今もその習慣が続いています。純粋に料理が楽しいし、自分がつくった料理で家族が喜んでいることが嬉しい、本当にそれだけだと思いますが、お小遣いをもらえないほうが続いているというのは、とても示唆的で、おそらく彼は「お手伝いをしている」という感覚すらないと思います。

子どもにお手伝いをさせたいというときに親ができるのは、子どもの「やりたい」という気持ちに応える環境を整えることぐらいでしょう。親のほうは、子どもがつくる料理がおいしいのかどうか分からない、包丁や火を使わせるのは怖いなどと思うわけですが、そこはちゃんと信じてあげないと、せっかく子どもの中に芽生えた利他が死んでしまうと思います。結局のところ、相手を信頼するということが大事であって、いつでも人を信頼できる余裕があるところに利他は生まれるのではないでしょうか。

システムの外に出る

伊藤　先ほど、アルゴリズムやデータサイエンスといったロゴスの力が強まっていくことについてのお話がありましたが、実際、私たちの生活は数字に支配されていると言えます。業績や売上、あるいはページビューなど、数字によっていろいろなものが測られるシステムの中でさまざまなものが管理されています。しかし、今回のパンデミックのような危機的な状況の下では、平常時であればうまく回っていたシステムが回らなくなり、誰もが、システムが要求してくる役割を超えて何かをしなければならないという立場におかれます。利他が本当に起こるのは、そういうシステムの外部です。

たとえば、医師は単に患者を診察するという通常の役割を超えて、感染症対策のためのツールを自らつくらなければならなかったでしょう。家庭でも、これまで料理をしなかった父親がステイホームでキッチンに立つようになったという話があちこちで聞かれました。誰もが強制的にシステムを超えざるを得ないという点で、今回のパンデミックは利他にとって大きなチャンスでもあると言えます。

これから日常が平常運転に戻っていくときには、再びシステムが強化されていくと思いますが、強化されている状態を知りつつ、同時にシステムの外部を経験したということを私たちは忘れてはいけないと思います。システムの外に出て、どうやって利他が起こる場所をつくるかということが重要ではないでしょうか。

福岡　システムの外に出るというのは、具体的にはどういうことになりますか?

伊藤　おそらくさまざまな場所で前もって決められているシステムに縛られてしまうということが起こっているはずですが、まずそれをちょっと手放してみるというのがシステムの外と出会う第一歩になると思います。

システムの外に出るというと難しく考えがちですが、実は日常的にできることなんです。たとえば、お年寄りのケアをするデイケアのような場所では、スケジュールがかっちり決まっているところがほとんどだと思います。今日は何時にこういうレクリエーションがあって、何時に入浴で、何時にトイレ、何時に食事……など非常に細かく決められているのですが、限られた時間で、契約で定められたことを効率よく行っていくには、そういうやり方は大事だとは思います。ただ、利用者であるお年寄りそれぞれの生理は必ずしも計画に沿うとは限りませんし、お年寄りの時間感覚では二四時間が一日というものではない可能性も高いです。トイレに行きたくないのにトイレの時間だから行かなければいけない、あるいはおなかが空いていないのに食事をしなければいけない。そうしたことが頻繁に起こるというのが現実だと思います。しかし、お年寄りの体の声を聞くよりもシステムを優先して場を回していくというのは利他ではないでしょう。

計画通りにことが進んでいくことにはなんの発見もなく、つまらないと思います。計画を超えたものに出会うというのは、当初の計画を立てた時点からの判断基準でいくと「失敗」ということになるのでしょうが、渦中にいる自分にとっては、それはむしろ新しい発見のはずで、私たちが生きているシステムからちょっと外れるきっかけになっていくと考えています。

そのための「準備体操」に効果的なのが雑談です。会話をしていると、本当はしたかった話とは違う方向に転がっていくということはよくありますが、演説が一方的にこちらの話を伝えるものだとしたら、雑談は一緒につくっていくもので、だから意図しないほうに話が向かっていっても楽しく思えたり、癒やされたりするのだと思います。周りの人がふってくる話や偶然入ってくるテーマに身を委ねられるというのは、相手を信頼しているからできることと言えます。ささいなことかもしれませんが、そういう時間を少しでも持つことが意外と大事なのではないでしょうか。

「未来の人類研究センター」でも雑談をとても大事にしています。普通、会議のシステムでは、「今日はこういうことを話し合います、決めます」というアジェンダが最初にあって、予定通りに進めていくのが基本だと思いますが、それではよい研究はできませんし、少なくとも利他というテーマには合いません。そこで、メンバーと話し合い、会議はもちろんするけれども、なるべくまっさらな雑談をするようにしています。

雑談の中でも、よく出るのが料理の話です。センターのメンバーでもある中島岳志さんが料理研究家の土井善晴さんと対談をしたとき、土井さんの料理にレシピがない理由について尋ねたところ、それはつまり、毎日使う食材が違うのだから、大根なら大根で、今日使うものに合わせて調理時間や料理の方法が変わってくるのだ、というお話をされていました。レシピというシステムをつくれば効率はよいし、簡単においしい料理ができ上がる確率も高くなるかもしれないけれども、食というものを人間が自然と出会う場と捉えれば、あまりにもシステマティックにしてしまうのではなく、食材や食べる人間の「声」もちゃんと聞くべきではないか。土井さんがおっしゃっていたのは、つまり、食材との雑談のようなことが必要だという話なのだと思います。

ウイルスの「利他性」をどう考えるか

伊藤　利他が制限される、あるいは利他がなくなっていくと、社会の中の冗長性や余裕といったものが失われていくことになります。そう考えると、利他を制限してはならないということになりますが、一方、ウイルスが「利他性」を発揮すればするほど、私たち人間が死んでしまうという現実もあるわけです。生命全体という観点からはウイルスの「利他性」はよいことだけれども、私たちは生態系の中の一個の個体であるだけではなく一人の人間でもあるわけで、その二つの視点のバランスをどうすればうまく取れるのか、これはなかなか難しい問題です。

私たちの遺伝子は人間という種の保存を唯一無二の目的としているかもしれませんが、一人の人間としての生きる目的はそこにはないわけです。ウイルスによって自分や自分の大事な人が死ぬかもしれないという中で、ウイルスの利他性を死をもって受け止めるしかないのだとすると、それはあまりに辛過ぎます。

福岡　確かに難しい問題です。生命系全体にとって、個体の死は、他の個体にニッチ（生態的地位）を手渡し、自分が占有していた資源を手渡す行為なので、まさに利他的であり、これが絶えず、分散的に、相補的に、行われているがゆえに、生命系全体の動的平衡が保たれていると言えます。いわば生命の連鎖、あるいはバトンタッチです。そしてこれは長い時間軸の中で見れば、ということです。一方、個体にとってみると、死は恐ろしいことだし、親しい人の不意の死は、大きな喪失感と悲しみを生み出します。特に、種よりも個の生命に価値を見出すようになった人間にとって、これは耐え難いことです。なので、多くの文化は、死や死体を直視することを避けていますし、私たちも、普段は死のことを考えず、自分はいつまでも生きていけるような気になっています。

でも人は必ず死にます。生命は有限です。有限であるからこそ、価値があり、輝きがあり、そして有限であるからこそ、その限定の中で利他性が意味を持ちます。ですから、私が思うには、長い時間軸で考えるべき生命系と、個別固有の有限時間の中にしかない自分の生命とのあいだを、いつも往還しながら、ピュシスとしての生命、つまりいつかは必ず死ぬものとしての生命を考えるしかないと思います。メメント・モリ＝死を忘れるな、ですね。そして、どのみち、早晩、私たちは、たとえウイルスに感染しなくても、いつかは必ず死を受け入れざるを得ないわけです。そういう諦観を持つことが、逆に生命を輝かせることになると思います。

私が、少年時代から観察している虫たちは、春になると生まれ、夏になればつがい、時期が来れば、消え去っていきます。私はそこに清々しい潔さを感じます。

また、レイチェル・カーソンを引き合いに出しますと、彼女は『沈黙の春』を書き上げたとき、すでにガンに侵されていて、自分の時間がそれほど残されていないことを知っていました。

本はベストセラーになりましたが、一方で、体制側や産業界からの反撃もすさまじく、政府高官から、子どももいないヒステリーの独身女がなぜ遺伝のことを心配するのか、といった心ない暴言を投げつけられていました。けれども、彼女はまったく揺らぎませんでした。

その後、カーソンはアメリカ・メイン州の、海の近くにある別荘で療養生活を送りました。ある日、彼女は海沿いで何時間もの間、友人のドロシーと一緒に、次々と目の前を飛び去っていく、モナーク蝶（オオカバマダラ）を眺めていました。

モナーク蝶というのは、日本のアサギマダラに似た、美しい蝶で、ひらひらと飛んで、長い距離を移動する、いわば渡り鳥ならぬ、「渡り蝶」として有名です。北米からメキシコまで旅を続けます。蝶や虫にあまり関心があるようには見えないアメリカの人たちも、モナーク蝶にだけは感じるところがあるらしく、州の蝶になったり、自然保護運動の対象になったりしています。

カーソンは次のように書いています。

でも、とりわけ心に強く残ったのは、まるで見えない力に引き寄せられるように、西へ向かって一羽、また一羽とゆっくり飛んでいく、オオカバマダラの姿でした。私たちは、あの蝶たちの一生について話しましたね。彼らは戻ってきたでしょうか？いいえ、あのとき二人で話したように、蝶たちにとって、それは生命の終わりへの旅立ちでした。

午後になって、思い返してみて、気づきました。あの光景はあまりにも美しかったので、蝶たちがもうけっして戻ってこないという事実を口にしても、悲しいとは感じませんでした。それに、すべての生きとし生けるものが生命の終わりを迎えるとき、私たちはそれを自然のさだめとして受け入れます。

オオカバマダラの一生は、数カ月という単位で定められています。人間の一生はまた別のもので、その長さは人によって様々です。ですけれど、考え方は同じです。歳月が自然の経過をたどったとき、生命の終わりを迎えるのはごくあたりまえで、けっして悲しいことではありません。

きらきら輝きながら飛んでいった小さな命が、そう教えてくれました。私はそのことに深い幸福を感じました

（ドロシーへの手紙『失われた森』レイチェル・カーソン著、古草秀子訳、集英社文庫）

自然科学者としてカーソンが、人間もまた生命系の一員として、死を受け入れることの自然さ、清明さを端的に表現している名文だなあと思い、いつも私は、この一節を心にとめています。

つまり、カーソンは死を受け入れることを、悲しいこと、辛いこととはしておらず、むしろ利他的なこと、自然なことと考えています。これを、私からの伊藤さんへのお答えとさせてください。

食べもののシステムを見直す

藤原　伊藤さんの利他がシステムの外で起こるというのは、非常に興味深いですね。

　私から付け加えるとすると、大きなシステムに取り込まれない、ということが大切なのだと思います。何か大きな災害や危機が起こった後には大きなシステムが動き始めるということになるのですが、それが本当に正しいのかどうか、常に点検して、「これは違う」というものは変えていかなければならないでしょう。たとえば東日本大震災後の太平洋側には津波対策として巨大な堤防が建設されました。この堤防は、津波というピュシスが人間にもたらした恐怖と、それを食い止めようとする技術的なシステムが合わさったものと言えますが、地域住民が本当に求めていたことだったのかという点からは、甚だ疑問です。新型コロナウイルスのパンデミックの後にも、何らかの形で大きなシステムが出てくると思います。私たちはすぐに大きなものにすがりたくなり、システムは正しいと思いがちですが、それがどのようなものか、注意深く見ていかなければならないと思います。

　同じく、私たちが現在当たり前としているシステムを検討しなおすことも必要です。これは私の研究分野である食と農の問題にも深く関わることで、たとえば、狂牛病と呼ばれたBSE（牛海綿状脳症）の問題や鳥インフルエンザなどがなぜ起こるのかということを突き詰めていくと、つまりは私たち消費者のニーズに沿った食と農のシステムに根があることが見えてきます。

たとえば、福岡さんもご著書で論じておられますが、BSE発生の原因は、乳牛がより乳を出すよう、飼料に肉骨粉を混ぜるという、本来の自然のあり方ではない飼育方法だったわけですし、過密状態でニワトリを飼育する養鶏場は渡り鳥によって持ち込まれる鳥インフルエンザのウイルスが感染爆発する温床となってしまっています。それに加え、こうした養鶏場のニワトリは肉の成長にエネルギーが向かうよう品種改良されているため、免疫力が弱まっており、それも感染リスクを高める原因となっているのです。

これまでは、BSEや鳥インフルエンザが起こっても、私たちは効率を優先した食と農のシステムを変えることなく、発生後の迅速な対応で、のらりくらりとやり過ごしてきました。しかし、新型コロナウイルスのパンデミックによって、もはやそれではすまされなくなったと言えるでしょう。

福岡　病気の名前に、新型コロナウイルスというように、「新型」が冠されたときはちょっと用心が必要だと思います。思い出されるのは、今ご指摘があったBSE事件に関連して出現した、「新型」ヤコブ病の事例です。新型コロナウイルスにせよ、新型ヤコブ病にせよ、「新型」という以上は、旧型があったわけで、それが何らかの理由によって「新型」に変化した。その理由が、勝手にそうなったわけではなく、自然に対する何らかの人為的な操作が、新しい疾患をつくり出している可能性があるからです。

従来知られていた、ヤコブ病は、特殊な脳・神経変性疾患で、ゆっくり進行し、心身に変調をきたし、やがては死に至る恐ろしい病気でした。ただ、極めて稀な病気で、原因は不明でした。脳内に異常プリオンたんぱく質というものが蓄積し、その結果、神経細胞が死に脳がスポンジ状に侵されていきます。特に知られていた症例は、旧ニューギニア先住民で、食人儀式が残っていた部族のあいだに広がっていたケースです。死者を弔うため、死者の脳を食べていたことから感染が広がったと考えられました。

そんな奇病が、一九八〇年代の半ば、急にイギリスの牛に広がり始めました。これがBSEです。動物版のヤコブ病です。共食いすることもない、草食動物の牛がなぜこんな病気になるのか。

その背景には、経済効率を求めた人為的な操作がありました。今、藤原さんが指摘されたように、牛を早く肥育するため、安価な飼料として家畜の死体からつくった「肉骨粉」

というものを食べさせていた。家畜の死体を集めて飼料化するレンダリング産業というものがあるのです。家畜はいろいろな原因で死にます。それが無作為に原料になっていました。

その中に、スクレイピー病（羊版のヤコブ病）の羊の死体が混入していたのです。この中にいた病原体が、肉骨粉に混じって牛に乗り移り、広範囲に病気が広がったと考えられました。これがBSEです。BSEで死んだ牛の死体がまた肉骨粉になり、連鎖的に被害が拡大しました。

草食動物である牛を、強制的に肉食動物（さらに言えば半ば共食い）にした、つまり自然の食物連鎖を組み換えていたわけです。さらにまずいことには、一九七〇年代末から八〇年代初頭、オイルショックで原油価格が上昇したことを機に、レンダリングの工程が簡略化され、加熱時間が不十分になっていました。これが、肉骨粉中に病原体を残存させることに手を貸しました。

私は、この謎の病原体（プリオンと名付けられています）の研究をしていたことがあり、そのとき、BSEをあえて、狂牛病という通称名で呼んでいました。記事を書くときに、編集部から「狂」という字をなるべく使わず、BSEという正式名にしてほしい、としばしば指摘を受けたのですが、拒否していました。

それは、これが、自然に牛が狂った病気ではなく、人が牛を狂わせた病気だからです。BSEという学術名で呼ぶと、その罪が浄化されて見えなくなってしまいます。

しかし、話はここで終わりませんでした。スクレイピー病は、古くから羊の風土病として知られていたのですが、羊からヒトに感染した例はありませんでした。つまり、羊飼いが罹ったり、羊を食べた人がヤコブ病を発症したりする例はなかったのです。おそらく羊とヒトのあいだには種の壁があり、羊の病原体はヒトを宿主にすることができなかったのでしょう。

ところが、です。イギリスで狂牛病問題が起きた一九八〇年代から一〇年ほどが経過した一九九〇年代になって、従来のヤコブ病とは、脳の病変部位や症状の現れ方が異なったタイプのヤコブ病を発症する患者が急に次々と現れてきました。これが「新型」ヤコブ病です。

いったい何が起きていたのでしょうか。実は、羊から牛に乗り移った後、牛の体内で病原体の変異が起きていたのです。これはコロナウイルスでも同じですが、病原体は、宿主から宿主へ感染するたびに少しずつ変異が起こります。変異はランダムに起こりますが、宿主の細胞の中で、より速く、より効率よく増殖する変異が自然選択されることになり、結果的に変異タイプが増えてくることになります。羊から牛、牛から牛への感染が繰り返される間に、徐々に病原体の変異が進み、羊とヒトのあいだにあった種の壁が破られることになりました。羊―牛―ヒトへ病原体が乗り移ってきたのです。

つまり「新型」ヤコブ病は、ゼロから出現したわけではなく、さまざまな人為的操作（いずれも経済性を優先する操作）の結果、「新型」になったわけです。さらに、困ったことには、今度は、「新型」ヤコブ病が、ヒトからヒトに、輸血を通じて、乗り移る可能性が出てきました。ですから、現在も、一定期間イギリス滞在経験がある人は、献血が禁止されています。このように、「新型」の病気のアウトブレイクは、人間の愚かな浅知恵によって出現した、自然の報復作用（リベンジアクション）であるかもしれないのです。

今回の「新型」コロナウイルスの場合はどうでしょうか。このウイルスも突然、ゼロから出現したわけではありません。SARSやMERSと呼ばれていた病気の原因として知られていたコロナウイルスの変異型です。SARSウイルスとはかなり類似しています。SARSやMERSは、コウモリ、センザンコウのような野生動物を自然宿主としていたコロナウイルスが人間に乗り移ってきたものだとされています。

ウイルスには自走能力も遊泳力も飛行力もありません。人間が近づいていったわけです。その背景には、無制限な自然開発や環境破壊などの人為的な営為が潜んでいる可能性があります。「新型」コロナウイルスも、何らかの自然宿主の中で、変異を繰り返していたあるタイプのコロナウイルスが何らかの人為的なきっかけでヒトに接触し、そこから、このグローバリゼーション社会の網目を介して、またたく間に全世界に広がっていったわけです。「新型」の裏に人為あり、というのはそういうことです。

私たちは狂牛病事件でこうしたことを学んだはずなのに、根本から解決しようとしてきませんでした。喉元すぎれば熱さを忘れる、というやつですね。藤原さんの言葉を借りれば、のらりくらりとやり過ごしてきたわけです。しかし新型コロナウイルスによって、これほどの災禍を経験した今、もはや見過ごすことはできません。この問題に取り組むには、やはりコロナ後の世界における「生命哲学」を根本から構築しなおす必要があり、そのためにも「利他性」ということがキーワードになってくると思います。

コロナ後の世界と「利他」

伊藤　そうですね。私は「利他」の「他」には人間でないものも含まれると思っています。

最近、考えるのは、コロナ後の世界をよくしていくために利他がどう関わっていくことができるのか、ということです。

たとえば、地球環境に対して私たちはどう「利他的」になれるのか、これはとても大きな問題です。ある調査によれば、全人類がアメリカ並みの生活を送ろうとすると、地球が五個必要なのだそうです。また、成人男性は毎日、約二七〇〇キロカロリーを食事から摂取することが必要と言われていますが、私の大学の同僚で、光合成が専門の植物学者によると、食べものの輸送コストや自分がいる場所の冷暖房などのコストをすべて含めると、先進国では一人あたり一日四〇万キロカロリーが必要で、それだけ私たち先進国の人間は地球から摂取しているということになります。信じ難い量ですが、それがつまり「地球五個」なのです。それだけのカロリーを必要とすることを前提とする私たちのライフスタイルはどう考えてもおかしいと思います。

実際には地球は一つという条件の下で膨大な摂取が日々行われているのですから、世界には相当の不均衡があるということになります。この問題をどう解決していくか、私たちはもっと地球規模で考えていかなければ、本当に大変なことになってしまうでしょう。ただ、これは自戒も含めて言うことですけれども、自分たちの毎日の積み重ねが何か大きな破滅につながっているかもしれないと気づいても、習慣の力というものはなかなか強いので、簡単には変えられません。

生活者としての私たちが変わる最初のきっかけとなるのは、たとえば身近な食や農業といった切り口でしょう。環境問題という大きなテーマを考えるとき、やはり自分の食というものにちゃんと意識を向けて理解し、責任を取るということが、とても大事なことだと思います。

といっても、私自身は自分たちが何を食べているのかよく分からない、という感覚を強く持っています。スーパーで売っているものの背後にある流通や生産の仕組み、政治的思惑はあまりにも複雑で、想像することすらできません。だからどうしても「本当に食べものを食べているのか、もしかしたら工業製品を食べているのではないか」という気がしてしまいます。

藤原　今のお話は非常に大事なことで、私たちの口に入る食べものはどういう処理を経てきているのかということを考えるだけでも、とても大きな気づきが得られると思います。コロナ禍で家で食べる機会が増えているというのは、身の回りの食べもののあり方からこの世界のフードシステムというのを捉えなおしていくきっかけにもなるのではないでしょうか。

いろいろなアプローチができると思いますが、食と農の現場で誰もが分かる大変大きな問題は、食料廃棄、フードロスです。今の日本は、家庭と事業者双方から出ている食料廃棄物の金額と、日本の農家が生産する農作物の金額はほぼ同じです。大量のものが流通して、大量のものが消費されるだけでなく、大量のものが廃棄されるという、現在の食の流通関係を見直すチャンスが来ていると思います。

また、食の流通関係ということでは、たとえば屠場のような、かつて社会的に負の烙印(らくいん)を押されていた場所を歴史的に見ていくと、福岡さんがおっしゃる生命の流れというものの本質が見えてくると思っています。屠畜に関わる方たちは昔から大変な差別を受けてきたわけですけれども、生きものを屠(ほふ)ることで、生命の流れをつなぐ役割を果たしてきたと言えます。また農民という、かつて社会の中で下に見られていた人々は、家畜の糞尿を肥料にし、土壌の微生物に分解してもらうことで作物を育てるという作業を通して、生命の循環を担ってきたわけです。

私たちがいったいどういう基盤の上にいるのかということを考えていくのは、食だけのことに限りません。コロナ禍で明らかになったのは、リモートワークができない人たちがいなくなれば、リモートワークができる人たちはその存在が成り立たないということでしたが、私たちはこうした場所に支えられて生きてきたのだということを、改めて見直していかなければならないと思っています。日常的なことで言えば、カラスに荒らされて中身が散乱したゴミ袋がいつのまにかきれいに片付いているのは、誰のおかげなのか、そういうところを想像していくことから始めてもいいと思います。

今、私たちの生活は、本当の意味で深いところから問いなおされているのだと思いますし、そこが今後の社会を改革していく上での大きな拠点になっていくはずです。単に、リモートワークやソーシャルディスタンスといった「新しい生活様式」に飲み込まれてしまうのは、あまりにも論点がずらされている気がしますね。

伊藤　藤原さんがおっしゃったように、今、ニューノーマル、三密を避けるなどいろいろなことが言われているわけですけれども、確かに経済活動を実現するための現実的な行動指針も重要だとは思います。しかし、本当に必要とされているのは、もっと根本的な、ニューヒューマン、ニューライフ、ニュー体のような行動指針のはずです。人類はそこまで本気で変わっていかなければいけないギリギリのところにいるというのが、コロナが気づかせてくれたことだと思っています。

福岡　コロナ禍が問いかけた問題の核心は、やはり、自然と人間、そしてテクノロジーと人間の関係だと思います。テクノロジーはロゴスと言い換えていいと思いますが、人間は、ロゴス的存在であると同時に、ピュシス（自然物としての生命）的存在でもあります。ですので、コロナ禍を機に顕在化した問題において、テクノロジーが、人間に対してどちらの方向に向かって進むのか、ということに注意が必要だと思います。オンライン化やコワーキングスペースの活用が進むことによって、無駄な会議や会食、通勤や出張がなくなり、脱ハンコなど事務手続きが省力化することは大変いいことだと思います。つまり、テクノロジーが、人間のロゴス的側面を合理化・拡張化することについては、私はそれほど心配していません。ロゴスの外挿化ですね。むしろ、どこにいてもオンライン講義が可能となったり、長時間の会議が簡素化されたりするのは大歓迎です。

一方、ロゴスとしてのテクノロジーが、ウイルス制圧を錦の御旗にして、人間のピュシス的内面に侵入してくることには、十分な注意が必要ですし、明確なNOを言うべきだと思います。つまり、移動や行動をモニタリングされたり、誰とどこで会ったのかといった履歴がビッグデータに把握されたりするということが（実は、これはネットショッピングやSNSを便利に使うことで、すでにかなりの程度、プラットフォーム企業にコントロールされてしまっていることですが）、さらに強化・管理化されることは、やがては生命の自由を奪うことにつながります。

このロゴスvs.ピュシスの問題は、次章でさらに掘り下げたいと思います。

第六章　身体観を捉えなおす

コロナ禍で変わる身体観

福岡　今回のコロナ禍で、「新しい生活様式」のような表層的なスタイルではなく、もっと根本的な変化が必要だということを私たちは突きつけられたと言えます。伊藤さんから「ニューヒューマン」「ニューライフ」「ニュー体」という言葉も出ましたが、真に「新しい」私たちのあり方とはどのようなものなのか、改めて考えてみたいと思います。

たとえば、コロナ禍で突然強制的にステイホームや三密の禁止といった、直接的な身体性への制限が行われたわけですが、私は、これはロゴスによってピュシスが制限されるということであり、生命にとって非常に危険なことではないかと感じています。

藤原　私も、コロナ禍でテレワーカーや学生たちの身体観が非常に薄れていると思います。

今、私たちはマスクなしでは外出できない状態にあるわけですが、そもそもマスクという口をふさぐ物体はいったい何を意味しているのか、考えざるを得ません。今もアメリカなどでマスクをしない運動がありますが、スパニッシュ・インフルエンザのときにも反マスク同盟というものが生まれていました。

伊藤　コロナ禍で、外に出ていって人と接触し、自分が変わるという経験をしにくくなっていますよね。結果的に、体を動かすことが先で考えが後からついてくるという経験をしにくくなっているというのは、大きな痛手だと思っています。

外に出ていって行動することがなぜ大事かと言えば、「自分なんてこんなもんだ」と狭い世界に閉じこもりがちな自分が変わるような発見があるからです。外に出ないことで、自分で考えた狭い世界にどんどん凝り固まっていくのではないかと危惧しています。

藤原　そこはどのように打破していけると思いますか?

伊藤　外に出ていけないのだとしたら、せめて家の中で体を動かすということができるかもしれません。たとえば、私は大学で芸術を教えていて、学生に作品をつくらせたりするのですが、そういう作業は自宅でやるほうが、おもしろいものができてくるんです。大学で行う授業では、「こんな作品をつくりたいです」というアイディアがあっても、材料がないので、図解で終わることも多いんですが、オンライン授業だと、学生たちはたまたま家にあったコップや洗濯バサミを使ったりして、けっこう即興でいろいろなものをつくることができるんですよね。

オンラインだと、学生たちに授業という意識があまりないということも関係しているかもしれません。家にいることで思考が解放されるのか、Ｚｏｏｍで学生に三〇分時間を与えて発表させると、普通であれば考えないような発想が出てきたりして、おもしろいなと思います。

藤原　なるほど、オンラインの授業にはそういうプラスの面もあるということですね。ただ、私自身は、オンラインのコミュニケーションが進んでいくことに大きな不安を持っています。

私たちの仕事は、大学で執筆したり、講義や研究をしたりすることなのですが、コロナ禍が始まって一番衝撃的だった変化は、オンラインを通じていろいろなところにつながっていくことが増えたということでした。オンラインで学生たちとふれ合ったり、あるいは講義をしたり、何かものをしゃべったりする機会が激増しましたし、さまざまなことがデジタルでオーケーだ、となりつつあります。

しかし、教育者として、オンラインで本当にコミュニケーションになっているのだろうかという心配は拭えません。私はしゃべりながら体が動くので、オンラインではすぐフレームアウトしてしまうんですが、伝わらない部分をなんとか体で伝えようとしているという感じがありますね。

「場」をともにするとはどういうことか

藤原　オンラインでのコミュニケーションが盛んになったのは、「ニューノーマル」や「新しい生活様式」と呼ばれるものにおいて「スマート化」が加速したということでもあると思っています。

今後、オンラインで身体が映像化され、音声だけでコミュニケーションを取るというやり方は、ますます広まっていくことでしょう。そうすると今度は、こうしたデジタルな社会に適応したさまざまな文化的な営みが発見されていくということになると思います。しかし、本来、芸術活動というものは、たとえば歌を聴くのであれば、歌い手がそこにいることで生まれる空気の振動などを聴き手が感じ、心に共振させるということのはずです。けれども、芸術もデジタルでオーケーとなっていくと、いわゆるシステムが先に問題を回収していってしまう、つまり、問題解決のためのテクノロジーができた瞬間に、本当は必要ではなかったものまで巻き込んで、システムの中に吸収してしまうテクノロジーの自走が起こります。

芸術活動に限らず、飲み会なども本来、その場の空気をともにすることが大事だとされていたわけですけれども、テクノロジーに取り込まれることで、リアルな場で体験できた大事なものが失われていくように思います。そうしたときに、体というものがどう変容していくのか、非常に気になります。

伊藤　少し本題から外れるかもしれませんが、場の話で付け加えさせていただくと、場というものは自明によいものと思われていますし、私もそういう意味合いで使うこともありますが、場には皆を一色に染めてしまうような強制力があるのも事実です。場は日本が相対的に外国人を受け入れてこなかった長い歴史の中で培われてきたもので、「言葉にしなくても分かるよね」「こういうときはこうするよね」といったことを暗黙のうちに共有できるからこそ、私たちは場に価値を見出しているわけです。

今、ダイバーシティということが盛んに言われていますが、実は、場と多様性はぶつかり合うもので、場は多様性を受け入れることができません。場があると、そこにいる人はその場のルールに則った行動をしないといけないわけですから、それができない人は社会不適合者のような扱いになってしまうのです。場の温かさというものは大事ですが、これからの時代、日本にいる外国人は増えていくでしょうし、海外に出ていく日本人も多くなっていくはずですから、もう「場」などとは言っていられなくなると思います。

藤原　なるほど、私は「場」という言葉をポジティヴな意味で使ってきましたが、前章で議論になった「共感」の制度化、つまり異分子の排除の制度化とつながる、ということを伊藤さんの話を聞いて思いました。伊藤さんは、オンラインと身体の関係をどうお考えですか。

オンラインで会っているのに寂しい

伊藤　オンラインでのコミュニケーションが広がっていったときに何が起こるかということでいうと、一つは、オンラインのコミュニケーションでは、どうしても視覚が優位になっていくということがありますね。ただでさえ、人間が得る情報の八〜九割は視覚に由来すると言われていますから、オンラインのコミュニケーションが広がることにより、私たちはさらに目に依存することになると思います。

今、いろいろな会議や友だちとの会話、大学の講義などの多くがオンラインで行われていて、ネットで話せること自体はとても便利で有り難いことではあります。ただ、こうしたネットでのコミュニケーションではかえって孤立感が強まっているように思います。

たとえば学生たちと話すと、彼らは「とにかく寂しい」と言います。ネット回線でつながり、モニターで相手が見えているのに寂しいというのは何だろう、と考えていくと、そこにその人が存在するという「いる感」のようなものが失われているという気がするんです。

おそらく、その人がそこにいる、ということが、その人に対する敬意であったり、その人を尊重したりするということの根幹にあるのだと思います。その部分を、オンラインの画像だけではなかなか感じ取れないということでしょう。

沈黙が許されることの意味

伊藤 この「いる感」ということでは、「分身」という考え方に興味を持っています。最近、ＯｒｉＨｉｍｅという分身ロボットが広まりつつあります。病気や障害が理由でなかなか外出できない人が分身ロボットを通して、お店での接客などができるようになっています。外出できない人は、分身ロボットのパイロットとなり、それを遠隔で操作するのですが、ロボットには額にカメラが付いているので周囲の様子を見たり、スピーカーを通じて声で会話をしたりすることができます。実際にその分身ロボットを使ってはたらいていらっしゃる方にお話をうかがったら、私が体だと思っていたものがいかに狭かったかということを実感させられて、とてもおもしろかったんです。

その方は家から出られない状態なのですが、その分身ロボットを使って職場に行くと、「本当にそこに行っている感じがする、その場所にいる感じがする」とおっしゃいます。それは、Ｚｏｏｍやスカイプのオンラインビデオ通話では感じられない存在感が分身ロボットにある、ということでしょう。

「どういうときに実際にそこにいる感じがしますか」とその方に尋ねたら「沈黙です」という答えが返ってきたのですが、これは非常に興味深いと思います。分身ロボットでは、しゃべらなくても分身としてそこにいるということで、私がそこにいる、と言うことができる。別の言い方をすれば、分身ロボットの周りにいる人が、それをロボットというモノではなく、意志を持った存在として扱う、ということが自然に起こるんです。沈黙ができるということが実はいるということを支えているのだと、その方のお話を聞いて納得しました。

一方、オンラインでは沈黙が許されない感じがありますね。たとえば、私はオンラインで話すとき、ネット回線がつながっているということは分かっていても、ちゃんと伝わっていないんじゃないかと不安で仕方なくて、つい会話が長くなってしまうんです。必死になって話すので、終わった後は、どっと疲れます。

藤原 分かります。私も、実際に顔を合わせるときよりもオンラインでしゃべった後のほうがぐったりしてしまうんですが、今の伊藤さんの話では、これは画面を見続けて目が疲れるというだけではないということなんですね。

伊藤 人と人が物理的にそこにいて空間を共有していれば、別に何もしゃべらなくてもいいし、ただ「うん、うん」とうなずいたりする動作やいろいろな表情など、言葉にしなくてもその人の気持ちが分かるということはたくさんあります。でも、オンラインでは、そういうものがなかなか共有しにくいわけです。

よく"Out of sight, out of mind."などと言って、見えていることが重要で、見えていないと忘れてしまうと私たちは思いがちです。けれども、モニター越しにこんなに見えていても一緒にいる感じがしないのだとしたら、見えているということはそれほど重要ではない、ということでしょう。今はなんでも可視化するのがいいことだとされていますが、実は私たちが思うほど視覚は絶対的なものではありません。見えないことの価値についても、私たちは考えていかなければいけないということではないでしょうか。

分身という一・五人称をどう使うか

伊藤　分身は一人称でも二人称でもない、一・五人称のようなところがあって、自分なんだけれども自分ではないという存在です。オンラインのコミュニケーションが急速に普及していく今の時代、そういうものをうまく使っていくという考え方がヒントになるのではないかと思っています。

実は、分身という装置を使うことで物理的な距離を越えるということは、ずっと以前から行われてきました。ロボットのようなテクノロジーを使わなくても、たとえばさまざまな宗教においても、人間は自分の分身をつくってそれを身代わりにすることをやってきたわけです。

たとえば、文化人類学者の奥野克巳さんは、ボルネオ島の焼畑稲作民カリスの人々がつくる分身について教えてくれました。川の水が干上がって疫病が頻発する乾季になると、カリスの人々は川べりに武装した人型の木像をずらっと並べるのだそうです。そうすることで見えない敵と戦わせ、敵が生身の体ではなく、分身に行くようにしているのだと奥野さんは言います。

私の友人でもある情報学研究者のドミニク・チェンさんが『未来をつくる言葉』（新潮社）の中に書いている、モンゴルでのご自身の結婚式の話も、テクノロジーを使わない分身について示唆を与えてくれます。式が終わった後、父親役をやってくれたモンゴルの方の親戚が「君にこの馬を一頭プレゼントする」と言い出したのだそうです。ドミニクさんは「急に言われても、持って帰れない」と断ろうとしたのですが、「この馬を持って帰れという意味じゃなくて、自分たちがモンゴルでこの馬をずっと飼っているから、君が来たときにいつ乗ってもいい。君の馬なんだから」と言われたという話で、これって分身だと思うんですよね。

つまり、その馬はドミニクさんの分身で、その馬がモンゴルにいることによって、ドミニクさんは東京にいてもモンゴルの草原を感じたり、モンゴルで出会った人たちを思い出したりすることができるわけです。分身が存在することによって、物理的な距離を越えて一緒にいると感じられるというのは、すごくおもしろいなと感じます。

藤原　ドミニクさんのお話から、思い起こしたのは、古い時代の本や史料です。それらを、もうこの世には存在しない執筆者の分身だと思ってみると、おもしろいかもしれません。私たちの書いた本も、誰かの本棚では分身となる。分身とともに、研究していると考えるのは楽しいです。

伊藤　分身は、自分でないけれど自分とどうしようもなくつながっているものと言えますが、その中では好ましいものもあれば、そうでないものもあると思います。

たとえば、福岡さんが、ウイルスというものはもともと人間の中にあった組織がポンと外に出たものだとおっしゃっているように、新型コロナウイルスもまた、私たちの分身ということになりますよね。今、ウイルスという分身が世界中にいて、私たちは苦しめられているわけですが、そういう方法で自分の想像力を拡張してみることもできるのではないかということを考えています。

福岡　そうですね。ウイルスは、ごく単純な構造をしていますし、生物と無生物のあいだに漂う、生命の初源的な形態のように思えますが、むしろ高等生物が出現してから、その遺伝子の一部が外部に千切れて出たものですから、もともと私たちの一部、分身と言えますね。その分身は、いろいろな宿主を渡り歩きながら、変異したり、その宿主の情報の一部を取り込んだりして、また元の宿主のところに戻ってきます。その際、宿主の免疫系を揺るがしたり、疾患をもたらしたりするのが病原ウイルスですが、まったく何の症状も現さない通過者（パッセンジャー）のような存在もあるでしょう。しかし、パッセンジャーは知らないうちに、新しい遺伝情報を宿主にもたらしているかもしれない。進化のプロセスでウイルスが温存されてきた理由は、一つには、この遺伝子の水平移動に関わっているからだと考えられています。なので、分身もまた生命の環の一部です。分身には功罪の両面があります。その罪としての存在感が、今回のコロナ禍でにわかに顕在化しているわけですが、ずっと昔から、そしてこれからも、分身としての他の生命体（ウイルスが生命かどうかはひとまずおくとして）は、その気配を消したり、現したりしながら、絶えず相互作用を繰り返すパートナーでもあるわけです。

京都大学の霊長類学の創始者でもある生物学者の今西錦司の言葉を借りれば、すべての生命は、その起源を同じ一つのものに持っていて、それがニッチを棲み分けたり、あるいは捕食者・被食者という関係を取りながらも、共存を目指してきたわけですから、そこにある種の協働性が存在するのは当然のことだということになります。そして、直接的には、食う食われるという関係、間接的には、排泄物や死体が分解されまた還元され、環境のサイクルに戻されつつ、そこから新しい生命がまた生まれ出てくる、という点で私たちは、大きな生命の環の動的平衡の中にいます。分解の重要性については、藤原さんが『分解の哲学』（青土社）で論じている通りです。このピュシス的な自然のビッグピクチャーを俯瞰できるのは、おそらく人間の持つ想像力（これがロゴスのよき面だと言えますが）だけが成し得ることなので、常に、そのことに思いを馳せるということは、利他性や共生といった理念を考える上でも大切なことだと思っています。

予測不能で自由な体

伊藤　「ロゴスとピュシス」という話で言うと、人間の体の中こそがまさにピュシスであり、人間にとって一番身近な自然なんですね。

たとえば、私も持っている吃音は、本当にロゴスとピュシスのぶつかり合いのようなところがあって、私自身、このロゴスとピュシスの闘いを常に実地で感じています。

言葉、つまりロゴスを発しようとすると、ピュシスである体が「ちょっと待て」と引き止める。うまくしゃべろうとするほど、うまくしゃべれなくなってしまうし、いろいろ工夫してみても、案外できなかったり、それが逆に失敗につながったりということもあります。言ってみれば、体をコントロールしようとしているのに逆に体にコントロールされてしまうという感じです。

多くの人にとって、言葉は「思ったらすぐに出る」ものなのだと思いますが、実際のところ、しゃべるというのは非常に複雑な行為で、自分の脳内で作文をしたものをプリントアウトするようにしゃべっているということでもないんです。たとえば周囲の人の顔を見たり、その場でちょっと役割を演じたり、調整に次ぐ調整をしながらしゃべっている。『どもる体』（医学書院）を読んで、「自分も吃音かもしれない」という感想をくださった方が非常に多かったのは、本当に吃音かどうかの診断はさておき、皆さん、何かしゃべるというときにそんなに思い通りにいっていないということが多かれ少なかれある、そのままならなさにこの本を読んだことで気づいてくださったのだと思います。

藤原　『どもる体』を読んで私がおもしろいと思った箇所の一つが、ルーマニアのシュルレアリストの詩人ゲラシム・ルカさんの吃音の症状が「詩的どもり」という表現になるというところでした。それは、吃音の方のしゃべりがいつも冒険に満ちていて、それが一つの芸術にも文化にもなり得るということですよね。このルカさんのエピソードのように、伊藤さんの著作を読むと、体の世界はとても自由で予測不能な感じがします。こうした予測不能な体の部分が今後、どのような変容を遂げていくのか、これは人文学の大きな課題としても非常に気になることです。

繰り返し述べてきたことですが、現代は農業から精神までスマート化が求められる時代で、吃音のような体の反応も含め、私たちが失うと損をするようなものまできれいさっぱりにせよというプレッシャーをかけられている気がします。人間は、やはりノイズやうまくいかない面を抱えながら日々暮らして生きているわけで、そういうものがあるということこそが人間のはずです。

ピュシスとしての身体性を信じる

福岡　スマート化すなわちロゴス化ということですよね。先にも同様のことを述べましたが、スマート化が、人間の問題解決能力（力仕事や計算力や計画力といったタスク、あるいは移動、配送、通信、記録、解析といった仕事など）を外部にさらに拡張する・展開する方向に進むことは、一定のコントロールや規制は必要なものの、文化・文明の進むべき方向として、人類が自らの生活を豊かにする方法として選び取ったものだと思いますし、この方向へのモメンタム（大きな潮流）を抑制することはできないと思います。しかし、このスマート化が、人間の内面、つまり精神や身体性に向かって、これをロゴス化＝スマート化しようとすることは大変危険なことだと考えています。人間の内部にあるものは、ピュシスそのものですから、これをロゴス的に制御することは、生命を大きく損なうことになります。そういう意味で、私は、遺伝子治療、再生医療、臓器移植、生殖医療など、生命にロゴスの力で切り込んでいって、これを「改善」しようとする試みに危惧を覚えます。

生命を、単純な図式で、ロゴス的に解釈すると、ピュシスとしての生命から大きなリベンジを受けかねません。生命はロゴス的マシナリー（機械）ではありませんから。歯車を一つ大きなものに交換すれば、機械全体が効率よく回るかと言えば、むしろ生命現象では逆のことが起きます。歯車を大きくしたことの無理が、全体の流れに歪みを波及させてしまいかねません。

ある反応を阻害したり、ブロックしたりすれば、痛みや不快感を一時的に軽減することができるかもしれません。しかし、阻害やブロックは、ピュシスとしての生命体をむしろ逆の状態（阻害やブロックに対抗する方向）へ導きます。薬が効かなくなったり、ドラッグの使用量が増したり、より中毒性の高いものに向かうのはそのためです。あるいは、抗生物質で、細菌を制圧したはずなのに、抗生物質という大きな網をかぶせて細菌を押さえ込んだことが、逆に今度はその網の目をかいくぐって、抗生物質に抵抗性を持つ変異株を選抜することに手を貸してしまう。その変異株を制圧するために、新しい抗生物質が開発されると、さらに強力な変異株が選抜される、といういたちごっこが繰り返され、今ではどんな抗生物質も効かないやっかいな細菌が存在しています。これがスーパー耐性菌の出現ということです。これらはすべて、ピュシスからのリベンジです。

新型コロナウイルスのワクチンに対しても、長い射程を持った視点が必要だと思います。確かにワクチンは、社会的不安を解消する有力な切り札になり得ますが、それを万能視して闇雲に礼賛する態度も、逆に、アレルギー的な拒絶反応を示す態度も、ともに冷静さを欠いていると思います。新型コロナワクチンはワープスピードで開発されたがゆえに、まずは有効性の確認と慎重な副反応の検証に注意を向けるべきです。

ワクチンは、現在、世界中で奪い合いとなっています。本来、二回投与してしっかりと免疫反応を惹起(じゃっき)させるべきところを、よりたくさんの人に接種することを目指して、一回投与ですませて、まずは広範囲の普及を優先しようとする動きもありました。これも議論が必要なポイントです。ワクチンによる免疫賦活作用が不十分なまま、広く、浅く、ワクチンの網の目をかけることで、かえって、新・新型ウイルスへの変化に手を貸してしまいかねません。つまり、ワクチンの作用をくぐり抜けてしまうような、変異株の出現――細菌で言えば耐性菌の出現――を促してしまうような逆効果の可能性もある。そうするとまたワクチンをつくりなおさねばなりません。いたちごっこになります。

ピュシスの可変性、変幻自在さを過小評価すべきではないということです。しかし、これは、私たちの身体が可変的、変幻自在だということでもある。私は、ピュシスとしてのウイルスに真の意味で対抗できるものは、ピュシスとしての自分自身の柔軟な免疫系だけだと思っています。

ウイルスとの共生とは、ウイルスの感染性と宿主の身体性のせめぎ合い、つまり両者のあいだに動的平衡が成立するということに他なりません。それには時間がかかります。ワクチンによる免疫系の賦活化は有効なコロナ禍対策になると思いますが、その前提として、まずはピュシスとしての自分の身体性を信じる、ということが基本になると思います。

身体性を信じる、というのは、ありのままのピュシスを受け入れるということでもあると思います。ピュシスには、ノイズや乱れ、変異、濁りや汚れが常に含まれています。これをロゴスの力で浄化してしまいたい、という清潔さへの希求が危険なものに結びつくことは、これまでの藤原さんとの議論で見てきた通りです。藤原さんは「ノイズやうまくいかない面を抱えながら日々暮らして生きているわけで、そういうものがあるということこそが人間のはずです」とおっしゃっていましたよね。

それから、伊藤さんは、しゃべることは簡単なことではないことを繰り返し語られました。多くの人が「自分も吃音かもしれない」と感じ、「何かしゃべるというときにそんなに思い通りにいっていないということが多かれ少なかれある、そのままならなさ」がある、と言われました。ピュシス（身体）をロゴス（言語）化することの本質的な不可能さですよね。

ピュシスとしての自分の生命、身体性と言ってもいいと思いますが、これを今一度、虚心坦懐に見つめなおし、受け入れることが出発点になると思います。

ままならない身体を受け入れる

福岡　ここで、ちょっと論点を整理しておきたいと思います。

先に、もやウィン問題のところで、私はこう論じました。人間は、ロゴス（言葉）の力で、ピュシス（自然）の掟や呪縛（つまり遺伝子の命令や種の存続のためのツールとしての個体というあり方）の外側に立つことができた。そして、個の価値、基本的人権の尊重というロゴス的約束を果たした。だからピュシスの原則（＝生物学的原理）に基づいて、ロゴス的約束を安易に反故にしてはいけない、と。

でも、一方で、生命は本来的にはどこまで行ってもピュシス的存在です。揺らぎ、ノイズ、汚濁、脆さ、不確かさを常に含んだものです。同時にそこには強靭さ、許容性、レジリエンス（回復性）といった特性も含まれています。

なので、ピュシスのすべてをロゴス化して、制御し、計画的に動かし、あるいは、揺らぎやノイズ、汚れや不確かさを、完全に排除することはできない。それを完遂・強行することは、ピュシスとしての生命を根本的に損ねてしまうことになります。ナウシカの最後の叫びは、ここから発せられているわけですし、藤原さんが指摘された、清潔志向、ノイズ排除思想の危険性もここにあります。

ですから、人間という存在は、とても危うい両義的なバランスの上にあるわけです。外部に、ロゴス的価値を信奉しつつ、内部ではピュシス的身体とも折り合いをつけていかなくてはならない。

結局、人間は、ロゴスとピュシスのバランスのあいだをおろおろ右往左往せざるを得ない、そんな困難な道を選んでしまった生物、ということになります。

今、伊藤さんがお話しされている『どもる体』をめぐる問題は、まさに、この折り合いのつけ方ですよね。人間が、ロゴス的に傾き過ぎると、どもることは異常なことに分類されてしまいますが、そうではなく、ロゴス的に行き過ぎた分をピュシス側に戻し、これを自然なこととして受け入れると考えたほうが、人間のあり方に適っているのではないかと思います。

　私たちは、無意識のうちに自分の身体をロゴス的マシナリーと捉えてしまいますが、同時に、ノイズや乱れを内包したピュシスとして捉える視点も必要だということです。どちらかに偏り過ぎることが危険なのです。

　身体は、初期条件が同一なら、同じ帰結をたどるような、ロジカルなアルゴリズムではない。私たちの生命体は、部品が一つ欠けたからといってすぐに故障するような精密機械でもない。むしろ部品が一つ欠けても、何らかの相補性がすぐにはたらいて、なんとか調整しながらやっていけるという意味で、精密なシステムです。システムという言い方も、なお機械論の名残がありますから、あまり使いたくないのですが。宮沢賢治的に言えば、「わたくしといふ現象」です。そして、この現象は、明るくなったり、消えそうになったりする、ほの青い「有機交流電燈」であり、常に一回性のものであり、同じ入力条件があっても、その都度、異なる結果を生み出します。危ういながらも、ある種の平衡回復力を持ったバランスの上にある。私はこれを動的平衡と呼びますが、それは、常にままならないもので、制御不能ながら自律性を持つので、なんとか、折り合いをつけつつも、最後は信頼をおくしかない、あるいは受け入れるしかない。これはもちろん自然全体にも拡張可能な生命観です。私たちがこれから考えるべき「新しい生命哲学」は、このような身体観から始まるのではないかと思います。

第七章　ポストコロナの生命哲学

「もれる」と「ふれる」

福岡　私たちがこれからコロナと共存していくためには、やはり、長い射程を持った生命に対する見方、つまり、生命哲学というようなものが必要になってくると思います。

　これまで、ポストコロナの人間のあり方という大きなテーマについて、三人でさまざまなことを語り合ってきました。議論をまとめる最後の問いは、コロナ禍を経験した私たちにとっての「新しい生命哲学」とは何か、ということになるでしょう。私の考えを一言で言うならば、村上春樹の『風の歌を聴け』（講談社）ではないですけれども、やはり「自然（ピュシス）の歌を聴け」ということではないかと思います。

　これまで何度も述べてきたように、脳を肥大化させた人間はロゴス化された文明社会や都市を生み出し、ある種のイデアを求めつつ生きています。そうした中で、ピュシス的なものはどんどん整理整頓されていくように見えますが、時々それが意外な形で表れてくる。いわばピュシスからのリベンジを経験しながら、ロゴスとピュシスのあいだを右往左往している生命体が人間です。人間はロゴスによって「産めよ、増やせよ」というピュシスの呪縛から逃れることはできた一方、何もかもロゴスの力で抑圧することはできないということです。

このコロナ禍もそうしたピュシスからのリベンジと言えますが、そうした中で、藤原さんは『縁食論』（ミシマ社）、伊藤さんは『手の倫理』という素晴らしい本を出されました。ロゴスで抑えようとしても抑えきれないピュシスのことを、それぞれのご著書の中で、藤原さんは「もれる」という言葉によって、伊藤さんは「ふれる」という言葉で表現されています。「もれる」は、たとえばうんちやおしっこがもれる、あるいは選考からもれるなど、ネガティヴなイメージで捉えられていますが、江戸中期の思想家・医師の安藤昌益（しょうえき）が『統道真伝』で「もれる」を生命の根源を表す言葉として用いていると、藤原さんは『縁食論』の中で指摘しています。また、伊藤さんは、ある意味ロゴスを伝達するもの、探る、スキャニングする行為としての「さわる」に対し、「ふれる」という言葉には生成的な意味があって、内部に侵入し、何らかの反応を引き出すような、ある種の相互作用を示すものだと論じています。つまり、お二人は「もれる」「ふれる」という言葉を通して、ロゴスに振れ過ぎた我々の文明社会や都市生活の中にあっても「自然(ピュシス)の歌を聴け」とおっしゃっているのだと私は解釈しました。

藤原　福岡さんのお話をうかがって、「もれ」はピュシスの反乱だったのだと、ものすごく納得しました。

新型コロナウイルスの感染が拡大していく中で、私が『縁食論』で取り上げたような「縁食」、つまりみんなが一緒になって食べる機会がなくなったり、縮小せざるを得なかったりする状況に追い込まれています。それでも、子ども食堂の運営者の中には「やはり子どもたちは食べて生きていかないといけない」と、弁当をつくって渡すなどの試みを続けている方もいますし、コロナ禍にもかかわらず、子ども食堂の数は増えています。そんなふうに、生きていく論理や営みのようなもの、あるいは感情などが食べものを通じてもれ出てきているんですよね。

子ども食堂をやっていらっしゃる方の中には、ボランティアで忙しいけれども、自分も家では孤食だから子ども食堂で子どもたちと一緒にいると楽しいと言う方もおられます。

そうした与えている側が与えられているというか、お互いにどちらが上か下か分からないやりとりは、いわゆる「与える・与えられる」モデルではなく、まさに「もれ出てきている」モデルという感じがします。『縁食論』を書きながら、「あげます」「いただきます」という一方通行的なあり方はそろそろ限界に来ているのではないか、と思うようになりました。

それから、『縁食論』ではデイビッド・モントゴメリーとアン・ビクレーの『土と内臓』（片岡夏実訳、築地書館）を引用して、動物の大腸が腸内微生物のために彼らが喜ぶエキスをもらしていること、また植物は光合成で生じたブドウ糖を根を通じて土壌の微生物に分け与えていることを述べました。本の中では「腸内無料食堂」「根圏無料食堂」と名付けて書きましたけれども、これはまさに福岡さんがおっしゃったような、生命システムとしてのもれ出るポテンシャルのようなものだと思います。

伊藤　今、福岡さんのお話を聞いて、「ピュシスって、歌だったんだ」と衝撃を受けました。ロゴスというものが、人間が何かをコントロールするためのツールなのだとすれば、そのコントロールしようという欲望に対して何かもれ出てくるものがある。「自然（ピュシス）の歌を聴け」というのは、そのもれ出てくるものをちゃんと聴こうということですよね。コロナ禍のロックダウン中に世界中の人が時間を決めてみんなで歌を歌うということがあったように、やはり歌というものは大きな力を持っているということを考えると、「ピュシスは歌である」ということはとてもしっくりすると感じます。

ただ、ピュシスの歌を聴くのは大事で、コントロールできないということは美しいけれども、一面ではしんどさにもなるように思います。私は障害や病気を持っている方、つまり自分の体をコントロールできない人たちと常に接しているので、ピュシス的なものに全力でさらされてしまっているところもあり、そのしんどさを感じる機会も少なくありません。

接触は人間的な交流にもつながると同時に、私たちの根源にある動物的な器官や感覚を呼び覚まし、人間を破壊する力も持っています。たとえば人の体に接触すると、自分で自分をコントロールできなくなるというか、思ってもみない暴力性や性的な欲望がふっと喚起されたりする。こうしたことは、自分が容易に破壊されてしまう経験だと思います。そうした両極の中で我々はコントロールできない、でもコントロールしないといけないものとどう付き合ったらいいのか。このことは、『手の倫理』でも少し論じていますが、ずっと自分のテーマとして考え続けています。

納期主義からの解放を

伊藤　ピュシスとロゴスの問題を考えるとき、時間は非常に大きいファクターだと思っています。私たちの社会は均質な時間を想定して設計されているわけですが、実際には、私たちの生は決して均質ではなくて、体調がいい日もあれば、そうでない日もあるわけで、しかも病気の人はもっとその変動が大きい。私自身のことで言えば、原稿を書くというのも予定通りには進まないことで、方法論として語れないような部分が多い、非常に生理的なものだと感じます。その変動が、福岡さんがおっしゃった「自然(ピュシス)の歌」ということなのかもしれませんが、その変動をちゃんと感じて、そちらに合わせるような考え方ができないだろうかと思います。

そのことに関連して、私が今非常に関心を持っているのは、納期の問題です。納期は社会の支配関係にもリンクしていて、たとえば工場生産を考えてみても、発注元である大きな会社があって、その元請け、下請け、さらにその下請けがあるという構造の中で、納期ががっちり決まっていて、すべてが同期しています。何かものをつくり出して、それを納品するタイミングをどう設定するかを考えることは、ピュシス的、つまり生理的時間感覚とロゴス的な社会的時間感覚の上手な調整を考えることではないかと思っています。

　これは、幾田桃子さんというファッションデザイナーの方から聞いた話ですが、実はファッションの世界はものすごい納期主義で、パリコレを頂点とする逆算の時間ですべてが回っているそうです。皆が同じタイミングで職人さんに仕事を発注するため、納期がとてもしんどいことになってしまう。そこで幾田さんは、パリコレのために世界中の人が同期して洋服をつくる必要はまったくない、自分がつくりたいタイミングでつくって発表すればいいのではないか、と発想を変えたというんですね。

　納期から解放されたことによって、職人さんとの関係もどんどん変わっていって、以前であれば、「何月何日までに納品してください」と言うだけだったのが、その職人さんがどういうことをしたいのかという話を聞いたり、一緒に食事に行ったりするなど、非常に利他的な関係が生まれてきたと聞きました。そんなふうに、納期に対してもう少し柔軟に捉えたり、それを許すような社会の仕組みを考えたりしていくことが、大きく言うと「自然（ピュシス）の歌」を聴くことになっていくのかもしれません。

藤原　「自然(ピュシス)の歌」の話と今の伊藤さんの納期論を聞いて真っ先に思い浮かんだのは、「労働とは何か」ということで、これは私がずっと考えているテーマです。

労働の「歌」としては「労作歌」というものがあって、農業であれば耕したり、田植えをしたりする労働には歌が常に併存していました。この労作歌にはさまざまな機能があり、一つは、歌を歌いながら仕事をすると気が紛れて、苦痛が取れる。二つめは、労働のリズムをつくるというもので、例を挙げると、昔、刈り取った稲を脱穀するときに千歯扱(せんばこ)きという道具を使いましたけれども、これを使う動きはとてもリズミカルで、そのリズムに合わせた稲こき歌というものがあるんですね。

こういうタイプの労作歌は秋の寒い夜更けにみんなで納屋に集まる屋内労働で歌われるんですが、異性も集まるので、すぐ替え歌になって、「いいな」「今度会いたいな」「ちょっと見えたよ」などとちゃかしながら歌っていく。労作歌にはけっこうエロティックな歌が多くて、歌と労働の絶妙な関係が成り立っていたと言えると思います。

他方で、田植えのときに歌われる労作歌では、苗を植える早乙女(さおとめ)の女性たちが作業のリズムを揃(そろ)えないと苗がきれいに並ばないので、一人の男が太鼓を叩いて、そのリズムに乗って女性たちが歌いながら植えていきます。もちろん、田植え歌も替え歌があったりして楽しいところはあるんですが、歌はむしろ人を縛ったり、統制していくものとして使われている。だから、歌やリズムというものは必ずしもよいものとは限らないわけです。

伊藤さんの『どもる体』にも、歌を歌ったりリズムに乗せてしゃべったりすることが、むしろ何かをふさいでしまうと書かれていましたね。トントントンとリズムよく出てくるけれども、それは本当にその人からもれ出たものなのかという話でした。

近代に入り、農作業が機械化されることで労作歌は歌われなくなっていくのですが、その過程とほぼつながっているのが、現在に至るまで企業家のバイブルとされているテイラー主義です。テイラー主義は、アメリカの機械技師、フレデリック・ウィンスロー・テイラーが提唱した、科学的見地に基づいた労働改善の理論及び運動で、二〇世紀前半のドイツでも盛んに導入されました。テイラー主義では労働の諸要素は分解されて、計測と観察によって無駄な行動が摘出され、たとえば労働中にはしゃべってはいけないとする代わりに、休憩中はしゃべったほうが効率的だということが言われました。そうしたテイラー主義的なリズムが登場していく中で、労作歌でもれ出していたようなピュシスが強く抑えられたというところがあるように思います。

生命の進化の歴史が教えてくれるもの

福岡　今の藤原さんのお話を受けて思い起こすのは、やはり生命の実体というのは、機械論式に捉えられる遺伝子のコード（情報）ではなく、生きた個体としてのピュシスだということです。

先に述べたように、リチャード・ドーキンスが言い出した利己的遺伝子論は二〇世紀後半の機能主義的な考え方と合致し、非常に称揚されましたが、三八億年の生命の歴史を振り返ってみると、生命が利己的だったことは実はほとんど一瞬もなくて、生命は常に利他的なものだったということが見えてきます。たとえば、最初の生命進化のジャンプは、一枚の細胞膜に囲まれた単純な細胞（これを原核細胞と言います）が、急に細胞内の仕組みを複雑化した、ということでした。細胞膜が入り組んで新しい区画をつくり、そこにミトコンドリアや葉緑体、核、といった細胞内小器官ができたのです。これを、原核細胞が真核細胞に変身した、と言います。進化の大ジャンプです。では、なぜこんなジャンプが起きたのか？　そこに画期的な利他的共生が成立したからです。

太古の海で、大きい細胞と小さい細胞が出会うとしましょう。当時は皆、細胞は、単純な形式の原核細胞でした。こんなとき普通は、食う・食われるの関係になります。つまり大きい原核細胞が、小さい原核細胞を飲み込んで、分解・消化してしまって終わりです。ところが、あるとき、大きい原核細胞が小さい原核細胞をそのまま消化せずに自分の中で温存するということが起こりました。すると小さい原核細胞は、大きな原核細胞の内部で、それぞれ独自の生命活動を始めました。原核細胞にはそれぞれ自分の得意分野があります。ある原核細胞は、栄養を代謝してエネルギーを生産することが得意でした。

自分に必要なのは一〇〇のエネルギーですが、エネルギー生産を、一一〇に、あるいは一二〇にするくらいの能力がある。労働に喩えるならば、この一〇や二〇は細胞にとって労働の余剰なわけです。生物は余剰をためておくことができませんから、通常であれば、この余剰は腐ってしまうか、熱として放散されてしまいます。ところが、小さい原核細胞は、大きい原核細胞の中にいるので、この余剰を大きい原核細胞に手渡すことができました。そのかわり大きな原核細胞は、小さな原核細胞を外界から守り、内部で増殖することを許したわけです。相互に利益を他者に分け与えたわけですね。こうして、小さな原核細胞は、ミトコンドリアという細胞内小器官となり、より大きなシステムの内部で生き延びる道を選びました。

植物細胞の内部にある葉緑体も、もともと光合成ができる原核細胞が、より大きな原核細胞の内部に入り込んで、細胞内共生を選んだ結果できたものと考えられます。これが複雑化した細胞、つまり真核細胞の起源です。原核細胞たちの利他的共生によって、進化がドライブされたわけです。

同じような利他的な共生が細胞間で起きることによって、さらなる進化のジャンプが実現しました。それは真核細胞の誕生の後、何億年かが経過したとき、単独で生活していた真核細胞（単細胞の真核細胞）が、多細胞化するという、次の生命進化のジャンプが起きたことでした。

このときも、「僕は皮膚の細胞になるから、君は骨の細胞に」「僕は脳細胞になるから、君は心臓の細胞に」といった、それぞれの得意分野を利他的に補い合うということが相互に起こり、全体のシステムがつくられていきました。

第三のジャンプは、有性生殖の成立、つまりオスとメスというものができたことです。互いに力を借りないと次の世代をつくれないということになったわけですけれども、そのことによって遺伝子を交換・シャッフリングし、より多様性が生み出せるようになりました。そう考えると、性の分化もある種の利他的行為の帰結だというふうに見えてきます。

このように、生命の進化の歴史を学びなおせば、利他的な共生が実は進化をドライブしてきたということが分かりますし、生物にとっての「労働」は常に利他性に支えられています。その利他は、一〇〇しかないところから一〇を寄付しなさいといった自己犠牲を伴う行為ではありません。何らかの能力がある瞬間に一一〇か一二〇になったときだけ、その余剰分を誰かにあげるということが、相互に代わる代わる行われることによって、利他的共生が成り立つということです。これが生命の本当の像であると私は思います。

伊藤　生物はためられない、ためておけない、だからこそもれ出てくるし、そこに利他が生まれてくるという今の福岡さんのお話は、とても重要な指摘だと思います。

病気が治るとはどういうことか

伊藤　福岡さんがおっしゃった生命の進化の中で細胞が分化したり性の分化が起こったりしたのと同じで、別に相手のために何かをしようと思っているわけではなくても、偶然、お互いが得をする状況が生まれて、分業が起き、全体がうまく回るということは、いろいろなところで起こっていると思います。

『飼いならす　世界を変えた10種の動植物』（アリス・ロバーツ著、斉藤隆央訳、明石書店）によると、実は最も飼いならされた種は人間であり、人間が飼いならしたと思っていたことは実は共生だった、と書かれています。

たとえば、オオカミが人間に飼われて犬に進化していく過程が述べられているのですが、そこでも「余る」という話が出てきます。どういうことかというと、かつて人間が狩猟採集民だった頃、何らかの宗教的背景があって、自分たちが狩った動物の頭部を居住地から少し離れた場所においておく習慣があったそうなんです。それで、オオカミたちは人間のすぐそばで生活すると簡単に食べものが手に入るということに気づき、人間のそばに棲むようになった。人間も、オオカミが周りにいるとその他の動物が寄ってこないというので、共生するようになった。つまり、人間がオオカミを飼いならして家畜化したのではなく、実はオオカミも人間を飼いならしていたと考えれば、これはお互いさまだということなんです。

人間がオオカミ以外にもさまざまな種を飼いならしてきたということは、人間が最も飼いならされる動物だということを意味しているわけです。福岡さんがおっしゃった細胞間で起きている利他が種のあいだでも起こっているということを突き詰めると、人間が最も利他的な生物になり得る可能性を秘めているとも言えそうです。けれども、現実にはそうなっていないということを私たちは考えなければいけないと思います。

同時に、興味深いのは、自分ではない存在とともにあることは自分が変わる可能性に対してオープンであるということです。お互い接触することによって相手に影響され、オオカミは飼い犬に進化し、人間もオオカミと共生し得る種に進化していったということを考えると、共生は共進化でもある、つまり変わるということが利他には含まれているのだと思います。

このことは、これから社会が新型コロナウイルスと共生していくとなっていったときに、社会がどう変わるかという問題ともつながってきます。

ウイルスとの共生ということで言えば、死という問題については私自身、まだ分からない部分があるんですけれども、まずその手前の「病気が治る」とはどういうことなのかということを考えたいと思っているんですね。これからコロナと共生していくのであれば、「治る」とは何かということをもう一度考えなおすことが、社会にとって必要な変化になっていくのではないかという気がします。

「治る」というのは、ある種、自分の輪郭を再獲得することだと思います。たとえば、新型コロナウイルスに感染したとき、自分の中に棲み着いたウイルスを排除する、つまり自分でない存在を外部に出して、「自分の輪郭はここまで」とすることが「治る」ということとなのだと思いますが、私がずっと関わってきたような病気を持っている人たちの輪郭はそんなに単純ではありません。幻聴が聞こえる精神疾患を持つ方の場合であれば、その幻聴が自分なのか自分ではないのかというのは非常にあいまいで、「治る」ということは幻聴をなくすことではなかったりするわけです。人によっては、幻聴とともにうまく生活していくことが「治る」ゴールだということもありますし、何をもって「治る」とするのかは、本当に人それぞれです。

でも、これまでの医療の仕組みでは、これが人間の健康な体であるという一つの「正解」があって、病人をその「正解」まで持っていく作業が行われてきました。そこには、非常に強い抑圧的な力がはたらいていたはずです。人それぞれの「治る」ゴールが許されないというのは、とてもしんどいことだと思います。

藤原　川喜田愛郎（よしお）さんの『医学概論』（ちくま学芸文庫）に、まさに今、伊藤さんがおっしゃったようなことが書かれていました。つまり、病院、ホスピタルはもともとホスピタリティから来ている言葉で、ホテルと同じ語源です。その場所にやってきた貧困者がたまたま病気になったから世話していたのが、いつのまにか人々はそこに「病院」という名前を付け、さらに「病気」というものを、厳密に定義づけました。しかし、実際、病気は、社会のさまざまな現象と連続的につながっている。「病気に罹ること」も「病気が治ること」も、そんなに明確な線を引くことはできません。コロナ禍でも、死者を隔離して、家族であってもふれてはいけないということにされましたけれども、これは医学の「健康」と「病気」の線の引き方が非常に強い証拠だと思います。ポストコロナの時代には、もう少し違った形で病気を定義するということが必要なのかもしれません。

「治る」とは違う状態になること

福岡　生命というのは、絶えず率先して分解を行いつつ、同時につくりなおす動的平衡を繰り返していくというのが基本的なあり方ですから、たとえ健康な状態であったとしても、私たちの体は一瞬一瞬、異なる平衡状態をつくりなおしているのだと言えます。どんな人も常に何らかの平衡の乱れというものを抱えていて、そういう意味では、完全に健康な人、あるいは健常な人は存在しない。皆がある種の病者であり、ある種の障害者であって、その中で程度の差があるということだと思います。

つまり、「治る」というのは単に元に戻るということではなくて、変わる、何らかの違う状態になるということだと言えるでしょう。たとえばウイルスの侵襲を受けて自分の体が変調したとします。そこから回復すると言っても、まったく元通りになるわけではなく、何か違う状態になる、そんなふうに人は常々変転していると捉えたほうがいいのではないかと思います。

西洋的な薬の効き方というのは、病気のときの平衡状態に介入して、反応を阻害したり、遮断したり、競合したりして、病気になる前の平衡状態に戻そうとします。しかしピュシスとしての生命は、その阻害や抑制を乗り越えようとリベンジをしてくるので、さらに悪い状態になったりする。

一方、ある種の漢方薬がなぜ効くかというのも、同様に動的平衡の考え方を用いて説明できます。漢方薬の材料は植物や虫など、生物から採取してきた化合物の集合体で、化学構造が異なるさまざまな種類が含まれています。そこには逆方向に作用する似たもの同士が一緒に入っていることが多い。西洋医学的にはそんなものを飲んでも効くわけがないということになりますが、動的平衡状態にあるシステムの中に逆方向に引っ張り合うような化学物質が急に入ってくると、アクセルとブレーキを両方踏まれたように平衡状態が揺り動かされて、そのことによって、平衡点が移動する。じっくり時間をかけて以前とは異なる平衡状態になるので、元の痛みが何となく軽減したり、不快感が和らいだりすると解釈できます。つまり、病気が治るというのは、新たな動的平衡状態を獲得することだと言えます。

それは死も同じです。個体が死ぬということは、その生物が使っていた空間や時間や食料資源を他の生物に手渡し、自分の体という有機物を土壌細菌や植物などの他の生物に手渡すということですから、死があるからこそ、次の世代が死んだ個体のニッチを受け継ぐことができ、この動的平衡のバランスを保っていくことができるわけです。死は究極の利他行為です。ですから、病気や死というものを排除しようとする視点は非常にロゴス的な浄化思想と言えます。今こそ病気や死を肯定的に捉えるという視点が必要ではないかと思います。

藤原　今回の鼎談を通して、利他という言葉が繰り返し出てきましたが、私は利他と聞くと、どうしても特攻兵などのような自分を犠牲にして国家に尽くすタイプの利他をイメージしてしまいます。しかし、お二人は、それとは違う次元で議論をされていますね。

ユクスキュルという、お二人もよく引用される生物学者がいますが、彼がナチ時代に著した本に『国家身体論』（未邦訳）があります。この中で彼は、国家という身体を守るためには外敵を駆除しなければいけないなどと、極端な生物学の誤用をしているわけですが、やはり国家という大きな強い目的が存在する中で利他と言うと、すごく胡散臭(うさんくさ)いものになってしまいます。

お二人がそうではない利他について構想する理由を考えてみたのですが、やはり生物学という基盤の上に立って、ある意味ドライな観察をされているということがあると思います。私もそういうドライな利他であれば、あり得るのではないかと思いました。

伊藤　死を名誉のような抽象的な意味に変換せず、生物的な出来事として捉えるとき、そこには死んでいく人しか伝えることのできない大きなメッセージが含まれているのだと思います。

看護の仕事をされている方や高齢者を看取る経験を重ねられている方のお話を聞くと、「亡くなった方から、大きな贈り物をもらった」とおっしゃいますよね。親や年長者が、最後にできる仕事は「死について教えること」なのだと思います。我々の文脈で言えば、それはまさにピュシスとは何かということを教えているのかもしれません。人間の体が人間を超えていくというときに、周りの人が受け取るものはたぶんすごく豊かなもので、それはこれから残された者が生きていくときの大切な糧になるのだと思います。そう考えれば、人は死ぬときに一番高らかに「自然(ピュシス)の歌」を歌うのかもしれません。

「ドリトル先生」が教えてくれること

福岡　コロナ禍の直前、私は、少年時代からの長年の夢だった、ガラパゴス諸島探検旅行に行っていました。ガラパゴス諸島は、一八三五年にチャールズ・ダーウィンがビーグル号で航海した場所で、ダーウィンはそこで進化論の着想を得たと一般的には言われています。でも、当時二六歳だったダーウィンは、ただただガラパゴスの自然の不思議さに目を見はり、その感動を『ビーグル号航海記』に綴ったということなんですね。

今回の探検旅行では一〇人ぐらいが乗れる小さな船をチャーターし、南米の荒くれ船長や腕っぷしが強い船員たちと一緒に、ダーウィンがたどったのと同じコースを探検しました。ガラパゴス諸島には携帯の電波は入りませんし、Ｗｉ－Ｆｉもテレビもない、締め切りを督促する編集者も追いかけてきません。温水シャワーもないし、水洗トイレもないので、わずかな冷水で身体を拭き、排泄物は海に直接流すという、都会の文明生活からは考えられない生活をしていました。でも、そんなふうに文明社会から隔絶され、ピュシスそのものの大自然に囲まれたガラパゴス諸島にいると、自分も自然の一部だという気持ちになって、トイレ問題も含めたあらゆる些事(さじ)が気にならなくなるんですね。

ガラパゴス諸島で一番感動したのは、生物が人間を恐れていないということです。といっても、それはガラパゴス諸島の生物が人間をほとんど経験していないからではありません。ガラパゴス諸島に人間が入植して五〇〇年ぐらい経っていますから、海賊たちがゾウガメを次々持っていってしまうなど、人間はガラパゴス諸島の生物に対して散々ひどいことをしているんです。そんな人間の残酷さをよく分かっているけれども、それでもなおガラパゴスの生物たちは余裕を持っているんですね。

これは私の解釈ですが、その理由として、ガラパゴス諸島には爬虫類(はちゅうるい)と鳥とわずかな昆虫という、限られた生物しか到達できなかったということがあると思います。ガラパゴス諸島には大型の哺乳動物はほとんど到達できなかったので、実はニッチがガラガラに空いているんです。大陸ではさまざまな生物が何億年も生きているので、ニッチがせめぎ合って非常に窮屈です。そこに争いが起きているのですが、ガラパゴスの生物たちは基本的に全部草食性で、捕食者はほとんどいませんから、とても長生きできます。そんなふうにニッチが空いているので、ガラパゴスの生物たちはすごく余裕があって、そこに好奇心みたいなものが生まれるのだと思います。

探検旅行から戻り、ニューヨークでロックダウンの日々を過ごす中で、ガラパゴス諸島で体験したピュシスのみずみずしさをなんとか書き留めておかないといけないと思ったとき、私が大好きなドリトル先生の物語を思い出しました。ドリトル先生の物語にはスタビンズ君という少年が登場して、ドリトル先生に弟子入りし、二人で冒険をするんですけれども、彼がナレーターとしてドリトル先生のさまざまな功績を書き記していくという、ある意味、イエス・キリストの功績を弟子たちが書き留める福音書形式の物語になっています。

ドリトル先生とスタビンズ君という構造を使えば、ガラパゴスの物語が書けるのではないかと思いついた私は、ダーウィンより前にドリトル先生とスタビンズ君がガラパゴスに行って、ガラパゴスを救ったという物語を書くことにしました。これは私にとって初めての長編小説になりますが、ピュシスとは何かということをフィクションの形で書いてみたいと思っています。

私はドリトル先生の物語からたくさんのことを学んで生物学者になったわけですが、そもそも、ドリトル先生の研究スタイルは、何らかのメカニズムを解き明かそうとしたり、発明物をつくろうとしたりというのではなくて、単に自然が語る歌に耳を澄ませようとしているだけなんですね。ドリトル先生は動物たちの言葉をただ聴いて書き留めるという行為で世界を描写しているんですけれども、それで世界征服をたくらんだり、お金儲けをしようとしたりするのではなく、自然の成り立ちをただただ聴きたいと思っている。つまり、「自然の歌を聴け」というのはドリトル先生が体現している自然科学のあり方だとも言えますね。

藤原　私は『ドリトル先生』を読んだことがないんですが、ドリトル先生が聴こうとしている相手は動物で、植物の言葉は聴けないんですか。

福岡　ドリトル先生は最後、月まで行ってしまうんですが、物語の中では月にはいろいろな生物が棲んでいて、植物なども巨大化しています。植物も言葉を持っているということを知ったドリトル先生は、なんとか月の植物の言葉を聴こうとするんですけれども、なかなか聴き取ることができないんですね。こんなに豊かな世界が発する言葉を聴くにはいくら時間があっても足りないと考えたドリトル先生は、もっと時間が欲しいと切望し、月の生物は皆、長寿なので、ここに秘密があるかもしれないと不老不死の研究に入ってしまいそうになります。

でも、あるとき、ドリトル先生ははたと気がついて、助手のスタビンズ少年も遠ざけ、一生懸命ノートに何かを書きつけるというところでその物語は終わっています。はっきりとは書かれていないのですが、私の解釈では、おそらくドリトル先生も、有限性の中にこそ命の輝きがあるということに気がついたのでしょう。

「感じる」力を取り戻すには

伊藤　私たちがドリトル先生のように「自然(ピュシス)の歌」を聴くためには、準備体操のようなものが必要で、それは「感じる」力を取り戻すことではないかと思います。

私の専門である美学で、美学者たちがおそらく一度も立てていない、だけどとても重要な問いは、「なぜ感じると人は元気になるのか」ということだと思います。私の実感では、感じることと生き生きすることは連動していると思うのですが、なぜそうなのかということをこれまで誰もちゃんと考えていないんですね。

『〈責任〉の生成　中動態と当事者研究』（國分功一郎・熊谷晋一郎、新曜社）という本の中で、共著者で小児科医の熊谷晋一郎さんがおもしろい例を挙げていました。精神疾患を抱えている方によく出る症状の一つに、水を大量に飲んでしまう多飲症というものがあるのですが、この症状が出ると毎日十何リットルも飲んで血液がどんどん薄まってしまうので、幻覚が見えたり、最終的には死につながったりして、かなり危険なことになります。これをなくす一つの方法が申告飲水制度というもので、患者さんが水を飲みたいと思ったら、「私は水を飲みたいです」と申告します。すると、周りの看護師さんが自分たちの分もコップを持ってきて、お水をすごくおいしそうに注いだものを、みんなでしっかり味わいながら飲む。そうすると、多飲症がかなり治まると報告されています。それはなぜかと言うと、おそらく、たくさん水を飲んでしまうときというのは、その水を感じることができていないからだとその本には書かれています。多飲症では、たとえば自分を浄化しようといった抽象的な価値のために、いわばロゴス的に水を飲んでしまっているけれども、ちゃんと水を味わって飲めるときには水の声が聴けている、それで水と自分という関係の中で落ち着いて自分の生命力を取り戻すことができるのではないでしょうか。

でも、感じるというのは、ガラパゴス諸島のようなピュシスに溢れたところに毎週行けるならいざ知らず、都会で生活していると、なかなか難しいことですよね。どうしても抽象的な価値が先に来てしまって、感じるということが弱体化している。だからまず、その感じるということを私たちは取り戻さないといけないと思っています。

藤原　感じる、元気になるということが絡みついて離れないのが食という行為だと思いますが、今、食べることが元気になることにつながらなくなっていて、ある種、食を感じないまま、単なる栄養補給で終わっているような状況が見られます。
　おそらく、感じるということに必要なのは、個人の感覚を鋭敏にするということももちろんですが、伊藤さんも論じられていることで、「感じ合う」という言葉がありますよね。感じるってすごく主観的で利己的なイメージなのに、なぜ「合う」という言葉がそこに入るのか、僕はすごく不思議だったんです。先ほどの、水をみんなでゆっくりおいしそうに飲むという話と一緒で、「合う」というところに何かヒントがあるような気がします。

伊藤　先にもお話しした分身ロボットＯｒｉＨｉｍｅで、外出ができない方と一緒に武蔵(むさし)野(の)近辺を散歩したことがあります。たまたま湧水が流れているところがあって、その水をコップですくって飲もうとしたところ、ＯｒｉＨｉｍｅに入っていたパイロットさんが、とっさに「喉元を見せてください！」と叫んだんです。その方は離れているから湧水そのものは飲むことができないけれど、生身の私たちがその水をどうやって飲むかで、水の冷たさや柔らかさなどを感じ取ることができるから、と。言葉に媒介される前の純粋な体のリアクションが、離れたところにいるパイロットさんの「感じる」を支えているのがおもしろいなと思いました。対象を感じるということは自分の体を感じるということであって、それは他者の体を感じるということによって、より増幅されるように思います。

福岡　我々に最も身近なピュシスとしての自然は、私たち自身の体だと思います。ですから、感じるということは、まず自分の生命を実感することから始まるのではないでしょうか。

「自然(ピュシス)の歌を聴け」というのは、自分の鼓動や呼吸、脈拍など、体が発しているさまざまな声、つまり歌を聴くということで、それが「感じる」ということにつながっていくと思います。

同時に重要なのは、他者も、あるいは他の生命体も、自然物（ピュシス）として生きているということへ思いを馳せる、つまり他者が発するピュシスの歌を聴く、ということです。ここに、感じ合うことにおける「合う」という、相補性の基礎があるように思えます。常に一方が他方に施しているのではなく、返報的なもの、もらったら・あたえる、つまり交互交代の行為のはずです。しかもその関係性は決して二者のあいだで閉じているのではなく、常にあらゆる生命に向かって開かれている。そしてそれらが増幅しつつ共有されていく。これこそがポストコロナの生命哲学の基盤だと思います。

おわりに——ニューヨーク・京都・東京

伊藤亜紗

白状しよう。

福岡さん、藤原さん、伊藤の三人は、実は対面で会ったことがない。「生命哲学」を標榜しておきながら、わたしたちのうち誰が一番背が高いのかとか、嬉しいとどんな癖が出るのかとか、疲れるとどんな顔になるのかとか、そんなお互いの生きものとしての基本情報すら知らない。同じ釜の飯を食ったことがないどころか、同じ部屋の空気すら吸ったことがない。わたしたちはまだ、お互いにどこかバーチャルな存在である。

コロナ禍という状況に加え、福岡さんはニューヨーク、藤原さんは京都、わたしは東京と居住地もばらばらであった。本書に収録されている鼎談はオンラインで、つまりインターネットという情報技術に支えられながら、電子的に再構成されたお互いの姿を見つつ、言葉を用いて行われた。つまり、それはきわめてロゴス的なやり方で収録された。

このような語り合いを可能にしてくれたテクノロジーに感謝しつつも、生命について語る空間がきわめて非生命的であった、というのはやはりコロナ禍ならではの皮肉である。福岡さんのガラパゴスの話も、藤原さんの土壌の話も、わたしは空調設備の調った自宅の子ども部屋で聞いている。

毎日何時間も画面に向かい、オンラインで人とやりとりする日々を、わたしたちはもう一年半近く続けている。

それは言ってみれば、体は限られた生活圏の中に閉じ込められたまま、いかに今・ここにないもののことを思うか、そんな想像力の修業のような時間であったように思う。

鳥取県は智頭町に、タルマーリーというパンとビールの工房がある。この工房の特徴は、パンとビールをつくるのに野生の菌を使っている、ということだ。つまり、もともと空気中に存在していた菌を採取し、その力を借りて発酵を行うのだ。

オーナーの渡邉格さん・麻里子さん夫妻が著した本は、その名も『菌の声を聴け』である。「ピュシスの歌」の、たぶんその一部である「菌の声」。確かに菌の声は、ピュシスの歌を構成する声部の中でも、もっともいたるところから聞こえ、もっとも精妙な調べを持つざわめきなのかもしれない。

夫妻が野生の菌たちを集める方法は一見とてもシンプルである。たとえば麴菌であれば、竹を割った皿に蒸した米を盛り、それを数日置いておくだけ。菌が好きそうな環境を整えておき、彼らが自ずと集まってくるのを待つのだ。「つかまえる」でなく「降ろす」。「菌との暮らしが深まっていくと、彼らの動きや喜びがわかるようになってくる」と渡邉さんは言う。

しかし、その見た目に反して、この作業は実に複雑で難しい。というのも、麴菌を降ろしたいと思っているのに、ちょっとしたことで狙いとは違う黒や赤色のカビが増殖してしまうからだ。

なぜうまくいかないのか。渡邉さんは菌の声に耳を澄ます。聞こえてきたのは「工房の外が大事」というメッセージであった。そう、工房の中に置かれた米にどんな菌が降りるかは、工房の中の条件をいくら整えてもだめで、工房の外やさらには敷地の外、おそらくは隣の町の要因にも左右されるのだ。

たとえば八月のお盆休みになると灰色のカビが増える。それは山の中とはいえ、お盆休みの帰省客で車が増えるからだ。黒カビが出ることもある。それはこの地域の田んぼにへリコプターで農薬散布が行われたあとだ。どうやら菌は、私たちの目に見える範囲よりもはるかに広い環境を映す鏡であるらしい。

そのときにどんな菌が増えるかは、もはや「因果関係」のような静的でロゴス的な思考法では、決して捉えきることができない。渡邉さんはそれを「縁起」と呼ぶ。縁起は、動的に変化する無数のものたちが織りなす偶然のネットワークだ。

というわけで、今はただ、生身の福岡さんや生身の藤原さんとお会いしたときに、そこにどんな菌の歌が生まれるのかを楽しみにしている。本書で藤原さんが語っていたように、わたしたちの体は、さまざまな菌たちにとって居心地のいい住処だ。そしてその菌たちのはたらきが、わたしたちの免疫系を調整し心理状態をつくり出しているという。人と人が会えば、お互いの菌を交換することになる。わたしたちの出会いは、どんな縁起の運び手になりうるのだろうか。

直接会うことの叶わなかったこの間、菌の代わりにわたしたちをつないでいたのは菌についての漫画であった。そう、漫画版『ナウシカ』である。

そもそも、この三人が知り合うきっかけとなったのは、二〇二〇年八月一日に放送されたNHK・BSの「コロナ新時代への提言2」というインタビュー番組である。別々に収録されたわたしたち三人へのインタビューを編集によって一つのストーリーにまとめあげた内容で、基調をなすテーマが「ナウシカをヒントにコロナ後の時代を考える」であった。ナレーションは、アニメ版でナウシカの声を担当している島本須美さん。幼い頃からのナウシカファンとしては、この上ない贅沢な経験である。

しかし、ナウシカを基調にするという案は、最初から決まっていたわけではなかった。きっかけは、ディレクターの長友祐介さんが、藤原さんとわたしの研究室のロケハンをしたことである。本当にたまたま、藤原さんの研究室にもわたしの研究室にも漫画版ナウシカ全巻が置いてあり、それを長友さんが発見したのだ。そしてそのことがニューヨークの福岡さんの耳に入る。福岡さんがただちに反応して、あれよあれよという間にナウシカを軸とした番組構成案が膨らんでいった。

そう思うと、この出会いもまた、縁起的でありピュシス的である。あの番組は、計画の枠組からもれ出たものが、長友さんといううつわに受け止められることによって、形になったものだった。このような時代状況で、ロゴス的な出会い方しかできなくとも、その中にピュシスの芽があることを、噛みしめなくてはならない。

番組で語った内容に各自が大幅に加筆をし、さらに別途オンラインで行った鼎談を加えたものが本書である。本の編集にあたっては、集英社新書の細川綾子さんが力になってくださった。遠隔の著者たちをつなぎとめる細やかな気遣いに、心から感謝したい。

そして最後に改めて、物理的な距離を越えてわたしのつたない言葉を受け止め、また返してくださった福岡伸一さんと藤原辰史さんに、心からお礼を言いたい。お二人とともに、今わたしたちがその中にいる世界的な危機について、もっとも深いところから言葉を探す作業ができたことは、今後ものを考える上での道標となってくれるはずだ。

日々の生活の中で、わたしたちはつい短期的で功利的な視点にとらわれてしまいがちだ。本書が、読者のみなさんにとって、少しでもそうした視点を離れ、遠く、あるいは深くに視線を投げかけるきっかけとなれば幸いである。

本書は、NHK BS1スペシャル「コロナ新時代への提言2 福岡伸一×藤原辰史×伊藤亜紗」（二〇二〇年八月一日放送。プロデューサー／佐々木健一〈NHK エデュケーショナル〉、ディレクター／長友祐介〈クリエイティブ ネクサス〉）の番組内容や未放送シーンに加え、新たに鼎談を行い、大幅に加筆修正の上、構成しました。

構成／加藤裕子
扉・図版レイアウト／MOTHER
扉写真提供／第一部 ユニフォトプレス、共同通信社／ユニフォトプレス
第二部 January 27th, 2016, The Sun, Rokkasho Village
Daguerreotype, 25.2×19.3cm ©Takashi Arai

福岡伸一（ふくおか しんいち）
生物学者。青山学院大学教授。ロックフェラー大学客員研究者。著書に『生物と無生物のあいだ』『動的平衡』『生命海流』など。

伊藤亜紗（いとう あさ）
美学者。東京工業大学教授。著書に『どもる体』『記憶する体』『手の倫理』など。

藤原辰史（ふじはら たつし）
歴史学者。京都大学准教授。著書に『ナチスのキッチン』『戦争と農業』『分解の哲学』『縁食論』など。

集英社新書一〇八五C

ポストコロナの生命哲学

二〇二一年九月二二日 第一刷発行
二〇二二年三月二〇日 第二刷発行

著者……福岡伸一／伊藤亜紗／藤原辰史
発行者……樋口尚也
発行所……株式会社集英社
東京都千代田区一ツ橋二-五-一〇 郵便番号一〇一-八〇五〇
電話 〇三-三二三〇-六三九一（編集部）
〇三-三二三〇-六〇八〇（読者係）
〇三-三二三〇-六三九三（販売部）書店専用

装幀……原 研哉
印刷所……大日本印刷株式会社 凸版印刷株式会社
製本所……加藤製本株式会社

定価はカバーに表示してあります。

 ISBN 978-4-08-721185-6 C0236
Printed in Japan

a pilot of wisdom

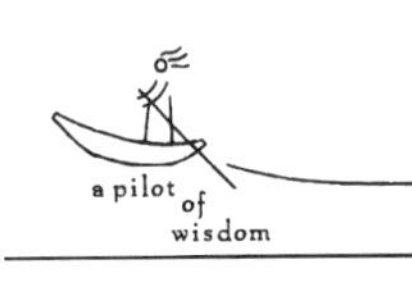
a pilot of wisdom